# マタニティ操体

安産のためのしなやかなからだ作り

細川雅美・稲田 稔 編著

はじめに　　　　　　　　　　細川雅美

　「からだを　あやつる」と書く「操体」という言葉を、初めてお聞きになった方が多いと思います。操体法（本書では操体と表記します）は仙台の医師橋本敬三氏（1897－1993）が、生き方を含めた健康への道しるべとなる、いのち全体のバランス調整法を体系化したものです。

　今日のあなたはどんな調子ですか？私たちが感じる体の調子や、健康度は日々変化しています。調子がいいとか悪いとか、これは何が変化させるのでしょうか？

　操体では他人に代わってもらうことができず、自分で責任を持たなければならない営みとして「呼吸＝息」「飲食＝食」「運動＝動」「精神活動＝想」と、それらを取り巻く「環境」をあげています。

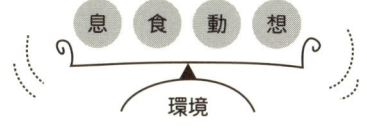

いのち全体をまるごと見ていく操体は、からだに現れた症状や、部分の問題にとらわれることがありません。これら4つの営みが、互いに調和し環境と適応している時、健康はより良く保たれ、私たちは「調子がいい」と感じ、「調子が悪い」と私たちがからだに不調を感じる時、これら4つの営みとそれらをとりまく環境に何らかの「歪み」があると考え、生活全般のあり様に目を向けます。

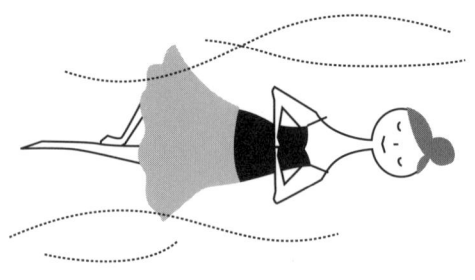

　この本の中によく出てくる「心地よい方向へ、気持ちよく動くこと」は、からだの感覚に従って自分を信じ、からだをより良い状態へ導くことです。「自分の力でバランスを回復し、もともとの良いからだに戻る」という操体が持つ健康観は、世界に例がない独特のもので、「自分のからだは自分自身で守る」という姿勢が育てられていきます。

　現在、私は講座や講演で操体の普及に携わっています。操体でからだ全体のバランスが回復すると腰痛、肩こり、膝痛、偏頭痛などの症状の、根本的な原因が取り除かれ、からだは快復に向かいます。重く動きにくい感じが軽くなり、みなさんの表情が明るくなります。そして、からだと共に心も明るく元気になります。妊娠中に操体を続けた妊婦さんは、超安産で喜びの日を迎えることができました。操体は誰でもできますから、自分と家族の健康増進、回復法として役に立ちますし、一人ででも、手を添えて二人ででもできます。

　橋本敬三医師の「欲張るな、頑張るな、60点でいい」という言葉があります。この言葉は自分のペースで生きよう、ほどほどでいいんだよと教えてくれます。安全性が高く誰でもできる操体を、妊婦さんのみならず、家族や友人同士の健康増進に役立てていただければ幸いです。

# contents

はじめに - - - - - - - - - - - - - - - - - - - - - - - - - - - 細川雅美

## 1 おめでとうございます！

元気な赤ちゃんを安産したい　　　　　　　　　　　　　10
からだの準備で自信をつける　　　　　　　　　　　　　11
体力！　　　　　　　　　　　　　　　　　　　　　　　11
筋力！　　　　　　　　　　　　　　　　　　　　　　　12
お産を軽くする　　　　　　　　　　　　　　　　　　　12
陣痛はよいもの　　　　　　　　　　　　　　　　　　　13

## 2 マタニティ操体

### ① 操体でからだをととのえましょう - - - - - - - - - - - - - - - 16
からだの感覚　　　　　　　　　　　　　　　　　　　　16
からだは気持ちのいいことが好き　　　　　　　　　　　17
操体はとてもゆるやか　　　　　　　　　　　　　　　　17
操体は妊婦さんにとても効果的　　　　　　　　　　　　18

### ② 操体が上手になる10ヶ条 - - - - - - - - - - - - - - - - - - 20
1 からだに素直に従う　　　　　　　　　　　　　　　20
2 快適な環境で　　　　　　　　　　　　　　　　　　20
3 妊娠初期はからだに負担の少ない操体を　　　　　　20
4 体を締め付けない衣服で　　　　　　　　　　　　　21
5 呼吸はゆったりと　　　　　　　　　　　　　　　　21
6 時間を決める　　　　　　　　　　　　　　　　　　21
7 力まない、がんばらない、欲ばらない　　　　　　　22
8 力を抜いて　　　　　　　　　　　　　　　　　　　22
9 家族で楽しみましょう　　　　　　　　　　　　　　23
10 こんなとき・こんな人はお休みしましょう　　　　　23

③ 操体を始める前に ･･････････････････････････････････････････････････････ 24
　日常動作・クセのチェック　　　　　　　　　　　　　　　　　　24
　ボディーラインのチェック　　　　　　　　　　　　　　　　　　25
　大切なのは、からだのクセ直し　　　　　　　　　　　　　　　　26

④ マタニティ操体の実際 ･････････････････････････････････････････････････ 27
　操体ガイド　　　　　　　　　　　　　　　　　　　　　　　　　28
　仰向けの操体　　　　　　　　　　　　　　　　　　　　　　　　30
　　1　足先を動かす　　　　　　　　　　　　　　　　　　　　　30
　　2　股関節を動かす　　　　　　　　　　　　　　　　　　　　34
　　3　骨盤を動かす　　　　　　　　　　　　　　　　　　　　　38
　　4　肩を動かす　　　　　　　　　　　　　　　　　　　　　　42
　　5　腕を動かす　　　　　　　　　　　　　　　　　　　　　　46
　椅子にすわってする操体　　　　　　　　　　　　　　　　　　　50
　　1　膝を動かす　　　　　　　　　　　　　　　　　　　　　　50
　　2　首を動かす　　　　　　　　　　　　　　　　　　　　　　54
　よつんばいの操体　　　　　　　　　　　　　　　　　　　　　　58
　足首と足指の操体　　　　　　　　　　　　　　　　　　　　　　60
　立ってする操体　　　　　　　　　　　　　　　　　　　　　　　63

⑤ こんな症状にこんな操体を ･････････････････････････････････ 稲田 稔　64
　つわり　　　　　　　　　　　　　　　　　　　　　　　　　　　65
　足がつる　　　　　　　　　　　　　　　　　　　　　　　　　　65
　逆子　　　　　　　　　　　　　　　　　　　　　　　　　　　　66
　むくみ　　　　　　　　　　　　　　　　　　　　　　　　　　　68
　乳腺炎　　　　　　　　　　　　　　　　　　　　　　　　　　　70

⑥ 産後の操体 ･･････････････････････････････････････････････････････････ 72
　お産を終えたからだをバランス良く整える　　　　　　　　　　　72

## 3 旬でスペシャルな10ヶ月を過ごすコツ

| | |
|---|---|
| あたためること | 78 |
| 食べること | 82 |
| 息をすること | 86 |
| 想うこと | 89 |
| 避けること | 94 |
| 日常動作便利帳 | 97 |
| 鍛えること | 103 |
| お散歩のすすめ | 108 |
| 歯のこと | 108 |
| 胎動のこと | 110 |

## 4 妊婦さんへ…妊婦さんに役立つ便利帳

| | | |
|---|---|---|
| ホメオパシーのすすめ | 林 祐子 | 112 |
| フラワーエッセンスの効果 | 平田芳郎 | 115 |
| お産のゼミを25年 | ほりこしゆみこ | 118 |
| 役立つ情報 | | 121 |
| 参考文献 | | 121 |
| あとがき | 細川雅美 | 122 |
| あとがきにかえて | 稲田 稔 | 124 |

　日々の私たちの健康度を決めている、4つの営み、呼吸、飲食、運動、精神活動と、それらをとりまく環境のバランスを整える操体ですが、この本では、
＊妊娠前からできる女性のからだ作り
＊妊婦さんが元気な赤ちゃんを育むための280日間の暮らし
＊産後のからだの回復に役立つ操体
をまとめました。

# 1
おめでとうございます！

妊娠した日から赤ちゃんが生まれるまで、あなたと赤ちゃんは心も体もつながった今しかないスペシャルな関係です。こんな特別な280日間を楽しまなきゃソンです。お産という一大事業を無事乗り越え、元気な赤ちゃんを迎えるために、心とからだの準備を始めましょう！

## 元気な赤ちゃんを安産したい

お母さんも赤ちゃんも健康で280日間を過ごすことができれば、お産はとてもスムーズに進みます。お産は自然の営み。産むのはあなたの力です。医療にできるだけ頼ることなく女性がもともと持っている産む力を100％発揮するのが「自然なお産」ですが、赤ちゃんを安全に元気に産むためには、妊娠中をベストコンディションに保つことが大切です。

280日間、お腹の赤ちゃんはお母さんにすべてを預けています。お腹の赤ちゃんの変化や、赤ちゃんから送られるサインを見逃さない感性を育むことが必要です。ダイレクトに感じてあげられるのは、お母さんだけです。

妊娠、出産、子育てに続くからだ作りを、できることから始めましょう。赤ちゃんを育む環境は、お母さんのからだそのものです。

## からだの準備で自信をつける

　自分一人のものだったあなたの体は、妊娠から赤ちゃんを育み産むために様々に変化していきます。それもこれも必要なものです。イライラしたり体が柔らかくなったりするのもホルモンの変化によるものです。

　日々お腹が大きく重くなるにつれて、普段は軽々と出来ていた動作が大変になってきます。こんなときだからこそ体を動かして鍛え、赤ちゃんの細胞を一つ一つ創る食べ物の勉強を、始めていきましょう。

　妊娠、出産はすべての妊婦さんにとって安全なもの、というわけではありません。思わぬリスクを抱えることもあります。妊婦さん自身が経過に不安を感じたり、自信が持てないのはあたりまえです。でも、だからこそ、いいということは何でもやってみるチャレンジ精神で最適な環境を作り上げていきましょう。どんどん世界がひらけていきます。前を見て進んでいくなかで、知らず知らずのうちにお産や赤ちゃんとの生活に自信がついていきます。

## 体力！

　お産は30kmの道のりを歩くほどの体力が必要だといわれます。初めてのお産は、時間がかかることが多く、体力の消耗が激しいものです。陣痛の途中で疲れ果ててしまうと、陣痛は微弱になり自分の力でお産を終えることが出来なくなります。

1　おめでとうございます！

体力は毎日のお散歩などで、楽しみながらつけていきましょう。安定期からは、積極的に！

## 筋力！

日々大きくなる赤ちゃんの重さを支えるためには筋力が必要です。お産のときにふんばり、しっかりいきむのも筋肉の力です。操体でからだを整えながらバランスの良い筋肉を作り、力をつけていきます。操体は関節の柔らかさも同時に得ることができますから、からだが軽く動かせるようになります。

お産はことのほかからだに力が入り、筋肉痛を起こすこともあります。筋力があり関節が柔らかく動かせると、疲れにくくエネルギーの浪費が少なくてすみます。

## お産を軽くする

太りすぎないことです。妊娠中毒症、糖尿病の予防、陣痛微弱にならないように体重のコントロールを心がけます。赤ちゃんが3kg、羊水や胎盤などが2kg、エネルギー分として1kgとすると、産み月で6kg程度の体重増加が理想的で、お産も軽く産後もスムーズに体重が戻ります。もともとおやせさんは10kgまでで、もともとぽっちゃりさんは4kgまでを増加の目安にします。

〈体重の増減のだいたいの目安はこのようになります。〉

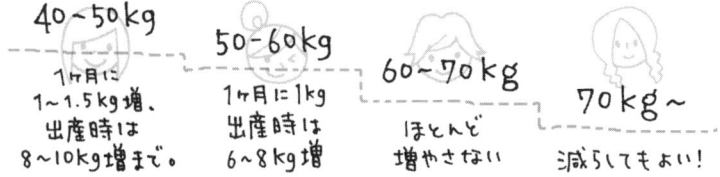

40～50kg　1ヶ月に1～1.5kg増、出産時は8～10kg増まで。

50～60kg　1ヶ月に1kg、出産時は6～8kg増

60～70kg　ほとんど増やさない

70kg～　減らしてもよい！

妊娠したらチャンスです。お産を軽くするための好ましいお料理の勉強と、からだを整えることを始めましょう。

## 陣痛はよいもの

　陣痛は痛くて恐いものだと、不安を感じる妊婦さんが多いのではないでしょうか？陣痛は筋肉がのびるときの痛み（伸展痛）で、口を思い切り大きく開けたときに感じるものと同質のヘルシーな痛みです。陣痛は赤ちゃんの胸をマッサージし、呼吸運動を助けてくれます。陣痛があるからこそ赤ちゃんは生まれ出ることが出来ます。

　この出産時に感じる痛みについてですが、妊婦さんの不安が大きいと倍加して感じられます。陣痛を理解して受け入れた妊婦さんは、マイナスイメージや不安を持つことが少ないので、自分で陣痛の波に上手く乗ることができ、痛みそのものをコントロールすることができます。

　陣痛の時は赤ちゃんも苦しいのです。時間のかかる出産ですが、陣痛と陣痛の波の間には必ず痛くない時間があります。安心してください。赤ちゃんもお休みタイムです。「次も一緒に頑張ろうね！」と赤ちゃんと共に十分休みましょう。体力を温存し、次の収縮に備えます。周りの人と会話もできますし、時には眠気を感じます。お産は赤ちゃんとの共同作業です。赤ちゃんが生まれてくる邪魔をしないように、お母さんはリラックスをすることが大切です。ここで操体の「水の上に浮かぶようなリラックス」が役に立ちます。

　こんなに必要な陣痛ですが、体力が足りなかったり、貧血だと陣痛が微弱になることが多くなります。子宮収縮が弱いと赤ちゃんがなかなか出てこられません。良い陣痛のためにも、からだを整えておくことはとても大切です。

# 2
## マタニティ操体

## ① 操体でからだをととのえましょう

### からだの感覚

　体には5つの感覚がそなわっています。味覚、嗅覚、触覚、聴覚、視覚です。普段私たちは、これらの感覚を使って、おいしいものを味わい、いいにおいを嗅いでリラックスをし、柔らかな皮膚感覚に癒されます。ときには、いい音楽に時間を忘れ、美しい絵を見て感動を覚えます…。これらの感覚は、生活をとても豊かにしてくれますし、ときには危険から生命を守ってくれるありがたいものです。

　こんな5つの感覚を使って生きている私たちですが、これに今日のからだの調子、こころの状態をあわせながら、

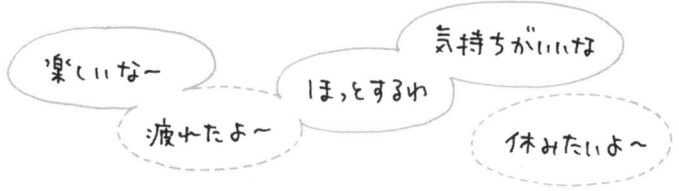

と、その日がどうなのかを感じながら生きています。

　このように人がみんな生まれながらに持っている感覚を、原始感覚と言います。操体は、このからだにもともと備わっている感覚を使って、からだを心地よい方向へと導きます。動いた時に、気持ちがいいか気持ちがよくないか、やりたいかやりたくないかだけです。「快＝気持ちがいい－不快＝気持ちが良くない」という感覚は、私たちが行動を決めるときの指標になる感覚です。

## からだは気持ちがいいことが大好き

　からだは気持ちがいいことが大好きです。心地よい、軽い、さわやか、やわらかい…。気持ちが悪いことは不快で好まないのが自然です。気持ちがいいとき、脳はリラックスして、体もゆるみ、解放感に満たされます。

　操体は、こんな自分のからだの感覚に素直に従い、がんばらず不快から逃げるように、快感覚を求めて動きます。

## 操体はとてもゆるやか

　この快感覚、心地よさを手がかりに、伸びをするようにあくびをするように動く操体は、心にもからだにもとても気持ちの良いものです。長い時間じっとしていたとき、からだをちょっと動かしたくなります。そんな時、伸びをすると体の中から活力がわいてリフレッシュします。あんな感じです。

　操体に特別なテクニックは必要がありません。「気持ちがいいことは、体によい」こんなからだが喜ぶ動きを、呼吸に合わせてやればよいだけです。

## 操体は妊婦さんにとても効果的

からだを動かすと血液の流れが良くなります。走ったり早足で歩くと心臓がドキドキし、全身を血液がかけめぐります。血液循環を良くすることは運動の目的の一つですが、妊娠中はそんなに激しい運動はできません。

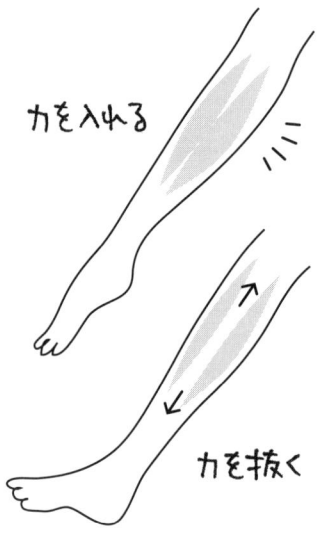

操体の動きは優しくゆるやかに見えますが、「力を入れる、抜く」動きの繰り返しで筋肉がポンプのように血管を刺激し、血液の流れをうながします。

いつも手足が冷える、左右の手の温度が違う、という人は流れの悪さとアンバランスがあります。操体後はからだのバランスが回復し、末端まで血液の流れが良くなりますから、手足がほんわかと温かくなります。と同時に、筋肉の緩やかな運動は疲労物質を押し流してくれます。疲労物質が流れると疲れがとれ、からだが軽く爽快になります。

安静にすることが多い妊娠初期の運動不足は体力、筋力を低下させます。それは仕方のないこととして、安定期に入ったら操体を積極的に行いましょう。筋肉は適度に力を入れると鍛えることができます。妊娠中は胎児を支える力をつけるために、産後は赤ちゃんのお世話に必要な体力をつけるためにも、操体を続けましょう。

妊娠中はお腹が大きくなり、普段簡単にできていた動作が難しくなりますが、関節の動きを柔軟にしておくと、日常動作がスムーズに出来ます。また、初めてのお産は少々時間がかかることが多いようです。関節がなめらかに動くと無駄な動きが少なくてすみますから、疲れが少なく長時間のお産でも体力を消耗しません。関節を大きく楽に動かすことができるようになることが、操体の最大の効果といえます。

　筋肉の緊張と脱力の繰り返しで動きますから、ここぞという時に力を抜くことができるようになります。陣痛の合間に力を自在に抜くことができると、しっかりと休めます。体力の浪費が少なくてすみ、余裕を持ってお産を乗り切ることが出来ます。

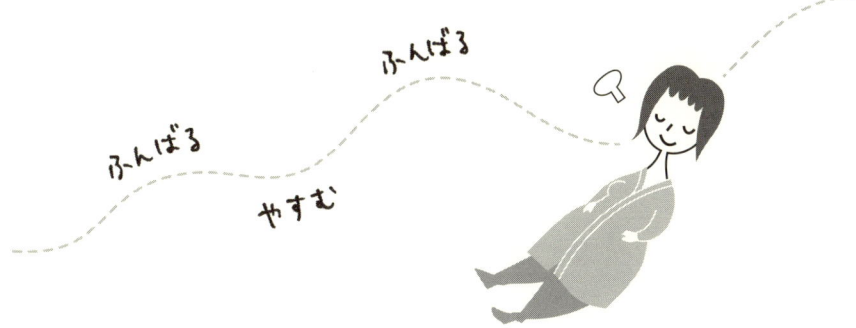

　動きにくさや痛みを感じるときこそ、快適で心地よい姿勢を探すように操体をやってみましょう。痛みが楽になる方向をからだが教えてくれます。からだに対する信頼感が生まれ、この信頼感はさまざまな場面であなたを助けてくれるでしょう。

　からだは気持ちの良いことが大好き！この気持ち良さが操体の楽しさです。

## ② 操体が上手になる10ヶ条

### 1 からだに素直に従う

普段がんばることが多い日常から離れて、ここは素直にからだに従いましょう。からだが疲れた、休みたいというときに無視をすることが多いのではないでしょうか。やらなければならないことよりからだの訴えを優先します。

### 2 快適な環境で

畳や柔らかすぎない布団の上、または床の上に毛布を2枚敷いた程度のやわらかさがあれば理想的です。室温は快適に保ちます。

### 3 妊娠初期は負担の少ない操体を

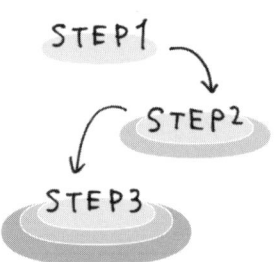

妊娠初期は、ねむけやつわりで安静にすることが多いようです。「つま先を動かす操体」などはからだに負担が少なく、産後すぐにでもできます。安定期からはつわりもおさまり、食欲がわいて活動的に動ける時期です。散歩などの継続的運動とあわせて、操体もいろいろなやり方ができます。ただし、お腹の張りがあるときは無理をせずに休んでください。

## 4 体を締めつけない衣服で

最近は胎児の健全な発育を阻害しないように、腹帯も締め付けの少ないものが勧められています。お腹を締め付けない呼吸がしやすい服装で、アクセサリーや時計、めがね等ははずしてゆったりしましょう。

## 5 呼吸はゆったりと

操体の呼吸法はゆったりとした腹式呼吸ですが、お腹が大きくなって圧迫感があるときは、胸式呼吸をおすすめします。ゆっくり吐きながら動きます。酸素を十分に赤ちゃんに送り、筋肉を無理なくのばすことができます。

## 6 時間を決める

ゆったりできる時間はいつですか？小さな子供を抱えていたり仕事を持っていると、なかなかゆっくりとした時間がとれません。明日できることは明日に回して、就寝前の少しの時間をお腹の赤ちゃんと楽しみましょう。時間にゆとりがある妊婦さんは、お腹の張りが少ない午前中などを選んでも結構です。

## 7 力まない、がんばらない、欲ばらない

操体は頑張らずにできるからだのバランス回復法です。今、どう感じるかをからだに尋ねながら、気持ちよさを楽しむように動いていきます。眠くなるようなペースで。回数、動き方、効果を欲張らないのがコツです。ほどほどに良くなればよく、60点を目指しましょう。

## 8 力を抜いて

初めに、水の上にふんわりと浮いているようにイメージをして、何度か深呼吸をしてから行います。操体の、筋肉に力を入れる、「ストン」と力を抜く、2・3度ため息をつく…こんな繰り返しでからだは「脱力」の感じを身につけます。

陣痛の収縮の合間は赤ちゃんのためにもリラックスが必要です。頑張らずに力を抜くことができるように、繰り返しやってみましょう。お産の練習です。

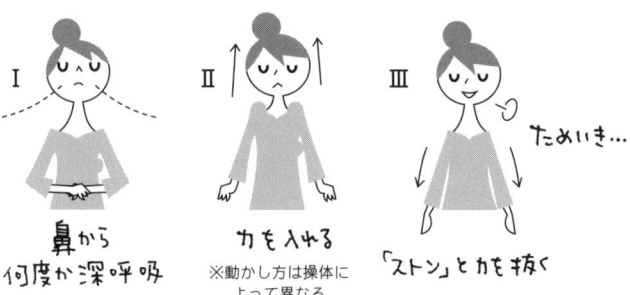

Ⅰ 鼻から何度か深呼吸
Ⅱ 力を入れる　※動かし方は操体によって異なる
Ⅲ 「ストン」と力を抜く　ためいき…

### 9 家族で楽しみましょう

　操体は疲労回復、老化防止、健康維持、機能回復として優れた効果が期待できます。年齢に関係なく、家族みんなでできます。妊婦さんと同じ操体を、家族の方が行っても効果があります。

### 10 こんなとき・こんな人はお休みしましょう

＊出血があるとき
＊高血圧やむくみなどで安静を指示されているとき
＊家事労働や買い物程度でしょっちゅうお腹が張るとき
＊流産、早産の経験がある、子宮口が開いている人
　〈経過を診てくださっている医師や助産師の指示に従いましょう。
　　無理は禁物です。〉
＊仕事で一日中動き回った、立ちっぱなしだった、歩き回ったとき
＊幼児の世話で大変な人（経産婦）
　〈疲労回復程度の「足首を動かす操体」などを無理をしないで。〉

## ③ 操体を始める前に

今のあなたは？どんなからだの使い方をしているでしょうか。

 日常動作・クセのチェック

☐　いつも同じ側の横座りをする

☐　いつも同じ側に重心をかけて立つ

☐　いつも同じ側の肩に鞄をかける

☐　仕事などで長時間同じ姿勢でいることが多い

☐　食事をする時、同じ側の歯で噛むことが多い

☐　椅子に座る時、同じ側の脚を上にして組む

　これらは、たいてい「無意識」にしている動作です。習慣的にかたよった動作をしていると「ボディーライン」が傾き、肩こりや腰痛などの不快症状を引き起こします。

からだはどうでしょうか？日々のクセがからだにあらわれます。
ゆったりと立ち、鏡に映してみましょう。

 ## ボディーラインのチェック

☐ 体が前後左右のいずれかに傾いている

☐ 腰の出っ張りが左右で違う

☐ 両脚をそろえて立つと両膝がくっつきにくい

☐ 両脚をそろえて立つと膝がまっすぐ伸びにくい

☐ 肩の左右の高さが違う

☐ 背骨が曲がってねこ背ぎみである

☐ あお向けに寝ると左右のつま先の傾きが違う

☐ 左右バストの位置や大きさに違いがある

☐ 片足に魚の目、タコができている

☐ 口角の左右どちらかが上がっている

## 大切なのは、からだのクセ直し

　何となくからだが重い、肩が凝る、腰が痛く感じるのは、日常の何気ない動作も原因のひとつです。操体をはじめると、さまざまな不快症状がいつしかなくなりますが、まず大切な事があります。妊娠中は「日常動作・クセのチェック」の項目にある動作をやらないことです。

　例えば、横座りなどのからだに馴染んだ動作は安心感があり、心地よく感じます。でも、同じ方向にばかり横座りをしていると、股関節の動く範囲が左右アンバランスになり、骨盤から背骨まで傾き歪みます。股関節は赤ちゃんの部屋＝「骨盤」を支える土台です。赤ちゃんが安心していられるように、好きな方向の横座りはやめて、左右バランスの良い姿勢を心がけましょう。

　からだのクセを直しておくと、安定期からの操体にスムーズにつなげることが出来ます。快適に動ける、バランスの整ったからだ作りの第一歩は、今日から「日頃なじんでいるからだの習慣を修正し、かたよりのないものに変える」ことです。〈事故で衝撃を受けたり、からだに急激で強い刺激を受けた経験、長期間のかたよった運動、なども歪みの原因です。あせらず気長に操体を続けることで、全身のバランス回復が期待できます。〉

## ④ マタニティ操体の実際

　心地よさをからだ全体で感じながら動く操体は、あなたと赤ちゃんが幸せを共有するハッピータイムです。お母さんが安らぎを感じるとき、赤ちゃんも平和で穏やかに、羊水の海に浮かんでいます。

　仰向けに寝て、水の上に浮くように力を抜いてみましょう。鼻から宇宙のエネルギーを吸い込むように息を吸い込んでお腹に満たしたら、口から長く息を吐き出します。何度か繰り返すうちに、からだから力が抜けていきます。はじめは力が抜けないかもしれません。操体を始める前や終わったあと、深い呼吸をしながら脱力の感覚を味わうようにすると、そのうちからだで感じられるようになります。

　就寝前やお昼寝前は〈仰向けの操体〉がおすすめです。からだの疲れを取り、よく眠れるようになります。からだに意識を集中して、日中ストレスに感じたことを頭から解き放ちましょう。不安や心配事は潜在意識に任せて、布団に体をあずけます。　　　　　　　　（潜在意識にお任せ　p.91参照）
　日中は〈椅子にすわってする操体〉などを3・4動作やっておくと疲れを残しません。

## 操体ガイド

操体の動きはおだやかですが、このおだやかな刺激は波のようにからだ全体に伝わっていくという性質があります。これを連動性といいます。からだ全体に気持ちよさをひろげるように動くと、操体の効果が連動性によって全体に波及します。

各操体の説明にある〈効果〉は操体を選ぶときの目安のひとつにしてください。カテゴリーや動作からも選ぶことができます。

| カテゴリーで選ぶ | 動作で選ぶ |
| --- | --- |
| ＊仰向けの操体 (P.30〜) | 1 足先を動かす (P.30)<br>2 股関節を動かす (P.34)<br>3 骨盤を動かす (P.38)<br>4 肩を動かす (P.42)<br>5 腕を動かす (P.46) |
| ＊椅子に座ってする操体 (P.50〜) | 1 膝を動かす (P.50)<br>2 首を動かす (P.54)<br>1 足先を動かす (P.30)<br>4 肩を動かす (P.42)<br>5 腕を動かす (P.46) |
| ＊よつんばいの操体 (P.58) | |
| ＊足首と足指の操体 (P.60) | 足の指と手の指をつないで回す (P.61)<br>足指もみ (P.62) |
| ＊立ってする操体 (P.63) | |

## ●快適に動ける方とは

　力を抜いて対称的に、動きを比べます。突っ張り感が少ない。軽く動ける。違和感が少ない。楽。からだ全体が気持ちいい方です。
＊痛みを感じる方向には動かしません。
＊両方向に痛みがあるときはやりません。

## ●動きのコツは

　吐く息とともに動きます。水の中に手を入れて手のひらを動かしたとき、水面が波立たないくらいゆっくりと。力まずにからだ全体に気持ちよさを広げるように動きます。

## ●気持ちのいいところとは

　動かせる範囲を超えて動かせすぎず、無理なく楽で気持ち良さが味わえるところです。

## ●力をためて脱力をする

　気持ちのいいところで動きを止め、軽く一息吸います。5秒間力をためて、ため息をつくように「ストン」と全身の力を抜きます。2・3呼吸の間そのままで脱力感を味わいます。

## ●繰り返し

　3～5回繰り返し、両方向に動いてみて同じ感じになったらOKです。

## 仰向けの操体

### 1
### 足先を動かす
（座ってでもできます。）

〈効果〉足先はからだの土台です。からだ全体の動きを軽やかにし、赤ちゃんの体重を無理なく支えて歩けるようにします。足の疲れを取る、足がつるのを防ぐ効果があります。

両足先をいろんな方向に動かしてみましょう。動きにくさや、ふくらはぎに突っ張りを感じませんか？

※どの動きも操体は「心地良さ」が指標です。
　気分が悪くなったり、苦しくなったら中止して休んでください。

## 1-1 足先を手前に引く、倒す

- 快適に動ける方は、どちらですか？
- 快適に動ける方に足先を動かし、気持ちのいいところで動きを止め、軽く一息吸います。
- 5秒間力をためて「ストン」と全身の力を抜きます。
- 2・3呼吸の後、同じ動作を3〜5回します。
- 両方向に動いてみて同じ感じになったらOKです。
- 片方の足を終えてから、もう一方の足もやってみます。

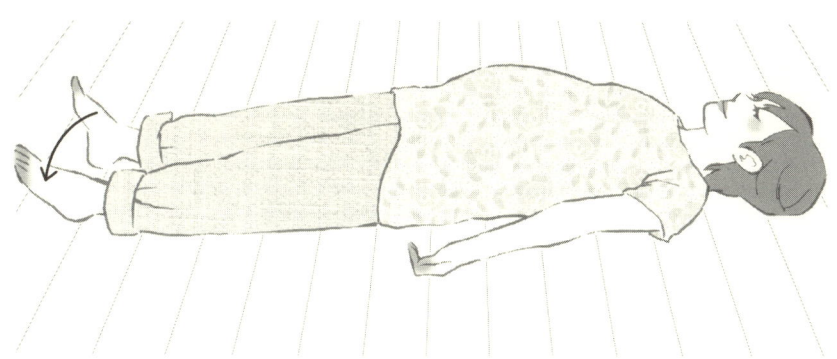

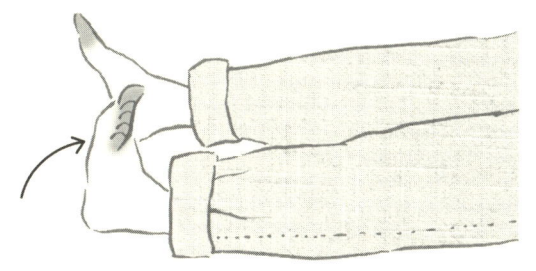

point *
足先を手前に引くときは、アキレス腱を伸ばします。

## 1-2 足先を左右に倒す

- 快適に動ける方は、どちらですか？
- 快適に動ける方に足先を倒し、気持ちのいいところで動きを止め、軽く一息吸います。
- 5秒間力をためて「ストン」と全身の力を抜きます。
- 2・3呼吸の後、同じ動作を3～5回します。
- 両方向に動いてみて同じ感じになったらOKです。
- 片方の足を終えてから、もう一方の足もやってみます。

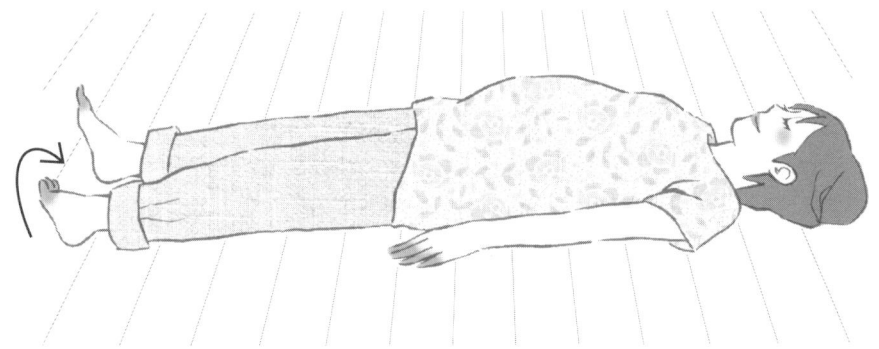

point* かかとを軸にして足先を左右に倒します。

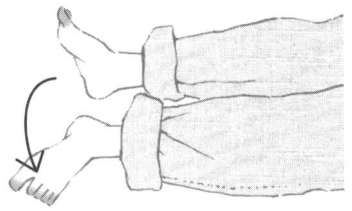 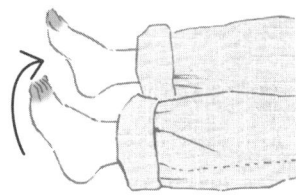

## 1-3 両つま先を上げる (膝の裏側に生じやすいコリを取る)

- 膝を90°に曲げて、かかとを支点に両つま先を上げます。
- つま先を上げたまま腰を気持ちよく動かします。
- 気持ちのいいところで動きを止め、軽く一息吸います。
- 5秒間力をためて「ストン」と全身の力を抜きます。
- 2・3呼吸の後、同じ動作を3〜5回します。

point * つま先をすねの方にそらせます。頑張りすぎるとこむら返りを起こすので、軽く。

## 1-4 足首を回す

- 両足首を気持ち良く内、外に回します。

仰向けの操体

## 2
## 股関節を動かす

〈効果〉股関節は骨盤の支えです。股関節の動きのバランスを整え、骨盤を安定させます。お産に必要な柔軟性をつけます。

　仰向けで両膝を90°に曲げて足の裏をあわせ、両膝を開いてみましょう。床から膝の高さが左右アンバランスだったり、内股に突っ張る感じや開きにくさはありませんか？

## 2-1 片膝を90°に曲げて、左右に倒す

- 快適に動ける方は、どちらですか？
- 快適に動ける方に膝を倒し、気持ちのいいところで動きを止め、軽く一息吸います。
- 5秒間力をためて「ストン」と全身の力を抜きます。
- 2・3呼吸の後、同じ動作を3～5回します。
- 両方向に動いてみて同じ感じになったらOKです。
- 片方の膝倒しを終えてから、もう一方の足もやってみます。

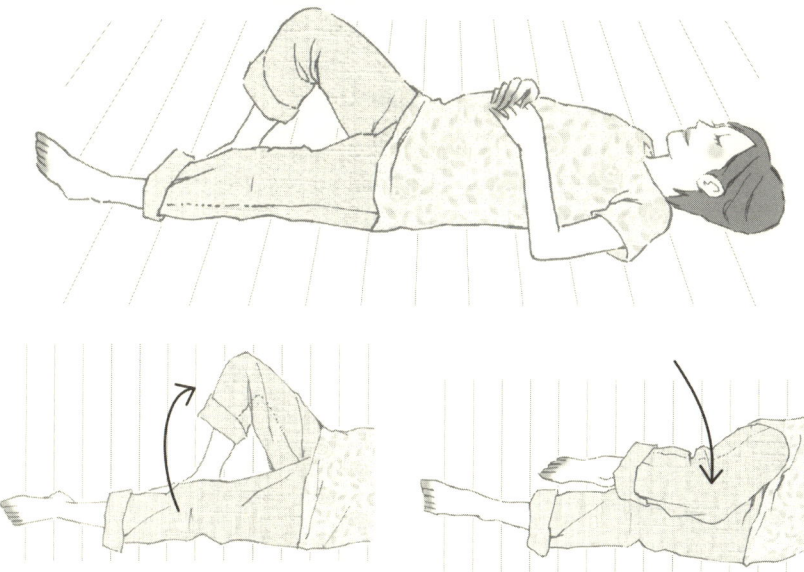

point* 膝を外に開くときは腿の内側が伸びるように！

## 2-2 両膝を90°に曲げて、両膝を開く、閉じる

- 快適に動ける方は、どちらですか？
- 開く方がいい場合は、両膝の外側にクッションを置いて膝を押しつけます。
- 閉じる方がいい場合は、両膝の間にクッションをはさんで左右の膝で押し合います。
- 快適に動ける方に両膝を動かし、気持ちのいいところで動きを止め、軽く一息吸います。
- 5秒間力をためて「ストン」と全身の力を抜きます。
- 2・3呼吸の後、同じ動作を 3〜5回します。
- 両方向に動いてみて同じ感じになったらOKです。

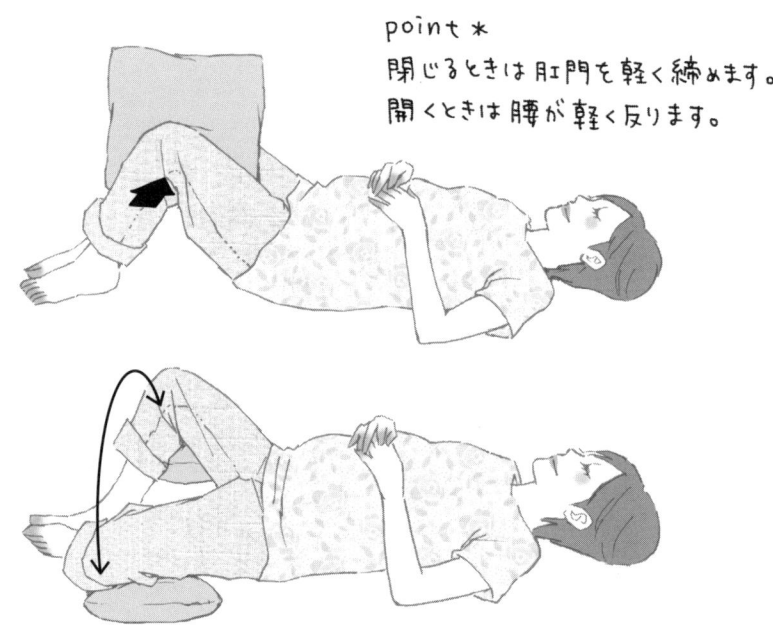

point *
閉じるときは肛門を軽く締めます。
開くときは腰が軽く反ります。

## 2-3 仰向けで両膝を90°に曲げて、足の裏をあわせる

● 5呼吸ほど保ちます。

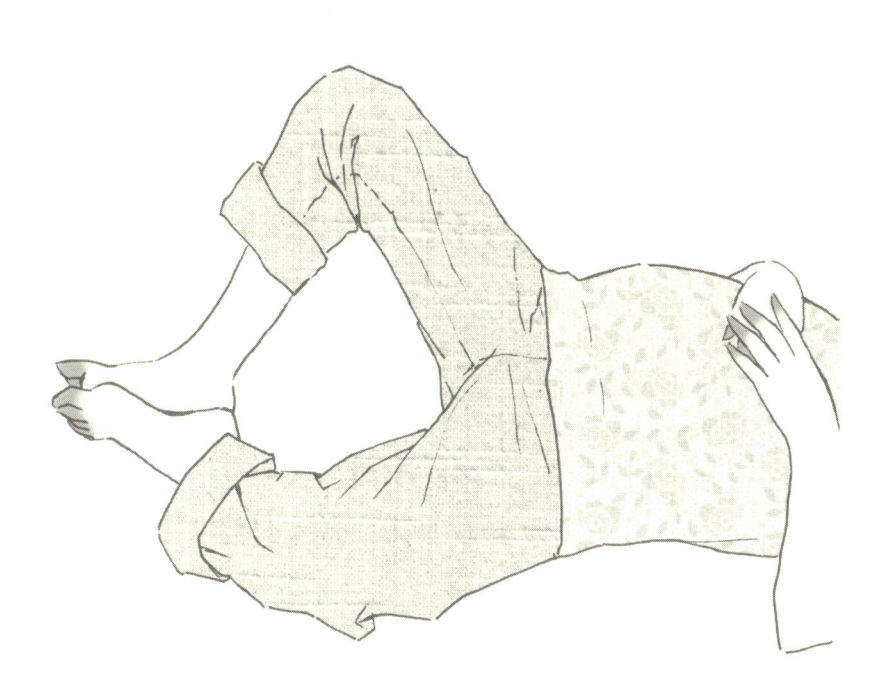

point*
股関節に
お産に必要な柔軟性をつけます。
両膝の外側にクッションなどを置いても
かまいません。

2 マタニティ操体

## 仰向けの操体

### 3
# 骨盤を動かす

〈効果〉骨盤は赤ちゃんの部屋です。動きを良くし、バランスを整えて、腰痛を予防、改善します。からだ全体を整える要の動きです。

## 3-1 両膝を90°に曲げて、左右に倒す

- 快適に動ける方は、どちらですか？
- 快適に動ける方に両膝を倒し、気持ちのいいところで動きを止め、軽く一息吸います。
- 5秒間力をためて「ストン」と全身の力を抜きます。
- 2・3呼吸の後、同じ動作を3〜5回します。
- 両方向に動いてみて同じ感じになったらOKです。

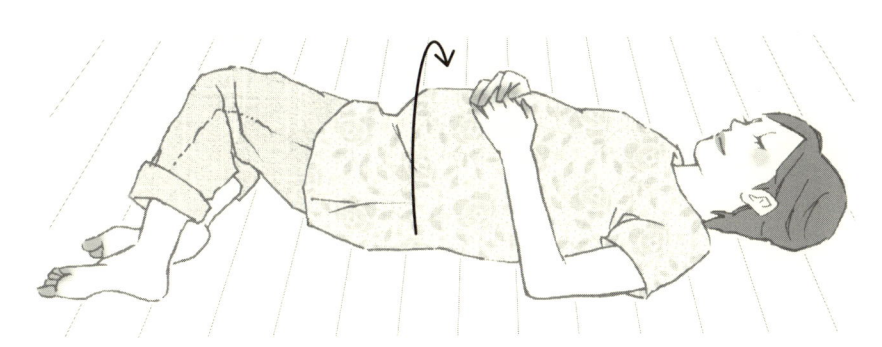

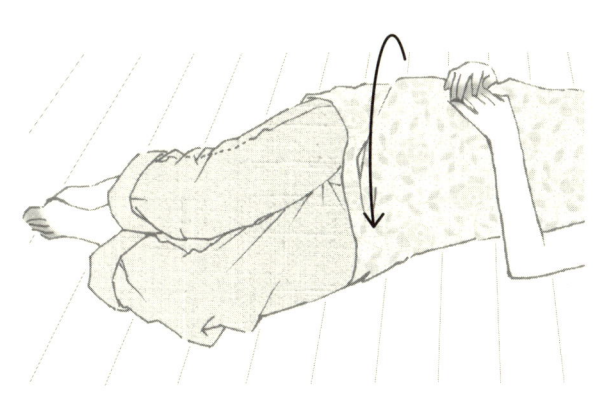

point *
腰や背中が
ねじれるように
動きます。

## 3-2 足をのばしたまま、左右交互にかかとをけり出す

- 快適に動ける方は、どちらですか？
- 快適に動ける方のかかとをけり出し、気持ちのいいところで動きを止め、軽く一息を吸います。
- ５秒間力をためて「ストン」と全身の力を抜きます。
- ２・３呼吸の後、同じ動作を３〜５回します。
- 両方動いてみて同じ感じになったらOKです。

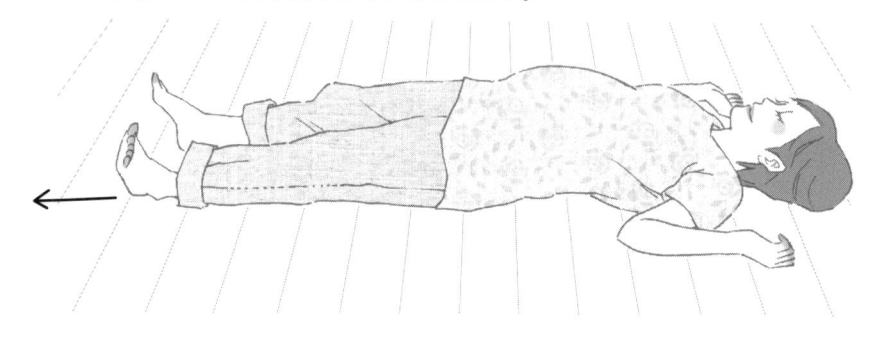

point＊ かかとをけり出すとアキレス腱が伸び、骨盤が下がります。

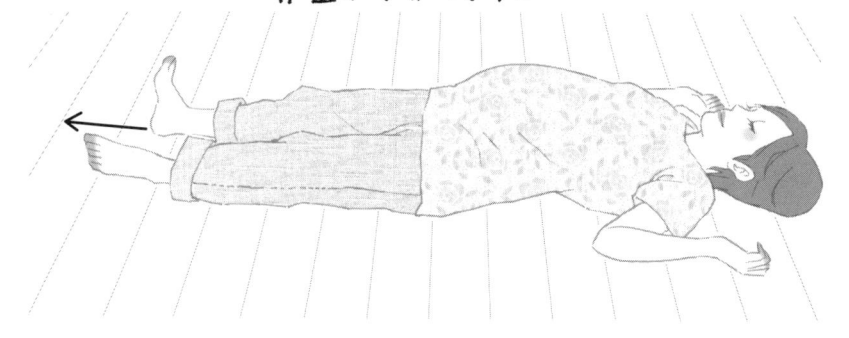

## 3-3 両膝を90°に曲げて、腰をそらせる、丸める

- 快適に動ける方は、どちらですか？
- 快適に動ける方に腰を動かし、気持ちのいいところで動きを止め、軽く一息吸います。
- 5秒間力をためて「ストン」と全身の力を抜きます。
- 2・3呼吸の後、同じ動作を3～5回します。
- 両方向に動いてみて同じ感じになったらOKです。

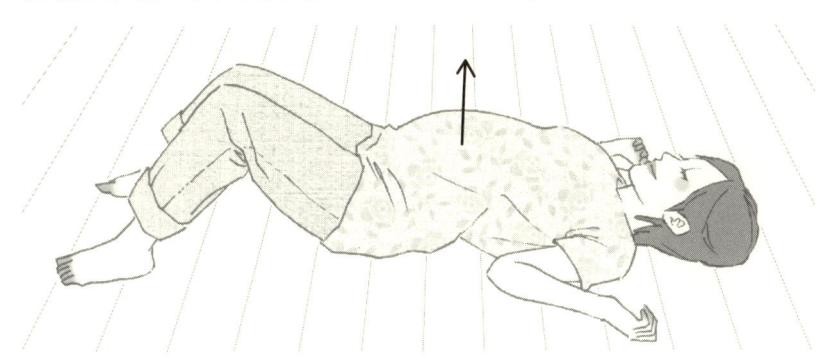

point * 骨盤や背中の動きを感じながら動きます。

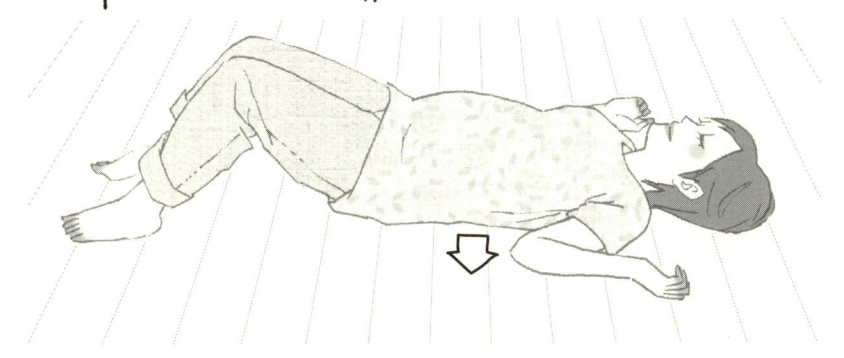

## 仰向けの操体

### 4
# 肩を動かす
(座ってでもできます)

〈効果〉肩がこる、背中が重く疲れた時。または授乳前後に。

## 4-1 耳に付けるように、左右交互に肩を上げる

- 快適に動ける方は、どちらですか？
- 快適に動ける方の肩を上げ、気持ちのいいところで動きを止め、軽く一息吸います。
- 5秒間力をためて「ストン」と全身の力を抜きます。
- 2・3呼吸の後、同じ動作を3〜5回します。
- 両方動いてみて同じ感じになったらOKです。

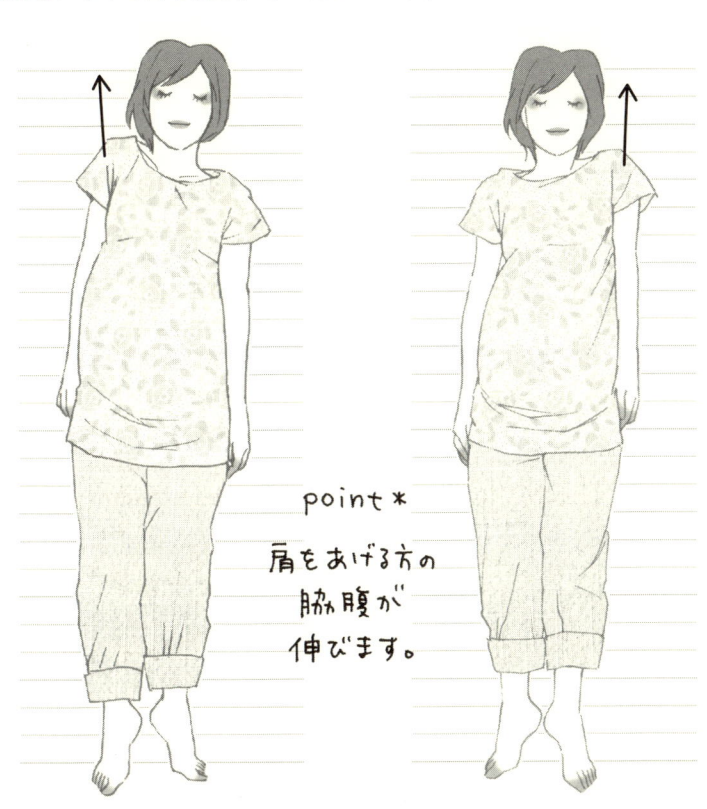

point *
肩をあげる方の
脇腹が
伸びます。

## 4-2 天井方向に、左右交互に肩を上げる

- 快適に動ける方は、どちらですか？
- 快適に動ける方の肩を上げ、気持ちのいいところで動きを止め、軽く一息吸います。
- 5秒間力をためて「ストン」と全身の力を抜きます。
- 2・3呼吸の後、同じ動作を3～5回します。
- 両方動いてみて同じ感じになったらOKです。

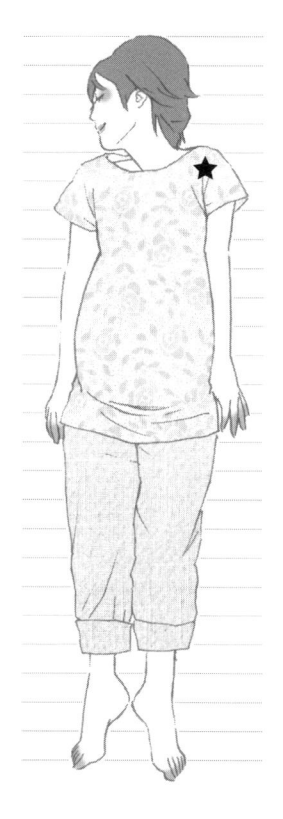

★
天井方向に。
肩が床から
離れます

point＊
肩と肩甲骨が
連なって上方へ
動きます。

## 4-3 両肩を上げる、下げる

- 快適に動ける方は、どちらですか？
- 快適に動ける方に肩を動かし、気持ちのいいところで動きを止め、軽く一息吸います。
- 5秒間力をためて「ストン」と全身の力を抜きます。
- 2・3呼吸の後、同じ動作を3～5回します。
- 両方向に動いてみて同じ感じになったらOKです。

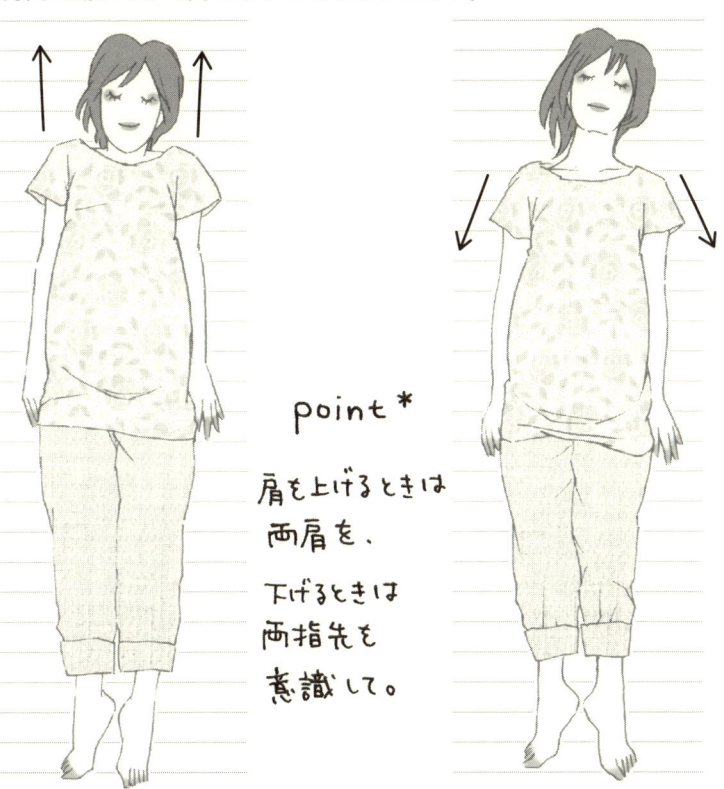

point*

肩を上げるときは両肩を、
下げるときは両指先を意識して。

仰向けの操体

## 5
# 腕を動かす
（座ってでもできます）

〈効果〉肩の関節の動きを軽やかにし、肩こりや背中の重さを取り除きます。乳腺炎の予防と改善に効果的です。

## 5-1 バンザイをして、左右交互に腕を伸ばす

● 快適に動ける方は、どちらですか？
● 快適に動ける方の腕を伸ばし、気持ちのいいところで動きを止め、軽く一息吸います。
● 5秒間力をためて「ストン」と 全身の力を抜きます。
● 2・3呼吸の後、同じ動作を3～5回します。
● 両方動いてみて同じ感じになったらOKです。

point*
腕をのばした
側の脇腹が
のびます

両膝を曲げても
かまいません

椅子にすわってでも
できます

## 5-2 肩の高さで左右交互に腕を伸ばす

- 快適に動ける方は、どちらですか？
- 快適に動ける方の腕を伸ばし、気持ちのいいところで動きを止め、軽く一息吸います。
- ５秒間力をためて「ストン」と全身の力を抜きます。
- ２・３呼吸の後、同じ動作を３～５回します。
- 両方向に動いてみて同じ感じになったらOKです。

## 5-3 片方の腕を内・外にねじる

- 快適に動ける方は、どちらですか？
- 快適に動ける方に腕をねじり、気持ちのいいところで動きを止め、軽く一息吸います。
- ５秒間力をためて「ストン」と全身の力を抜きます。
- ２・３呼吸の後、同じ動作を３〜５回します。
- 両方向に動いてみて同じ感じになったらOKです。
- 片方の腕ねじりを終えてから、もう一方の腕もやってみます。

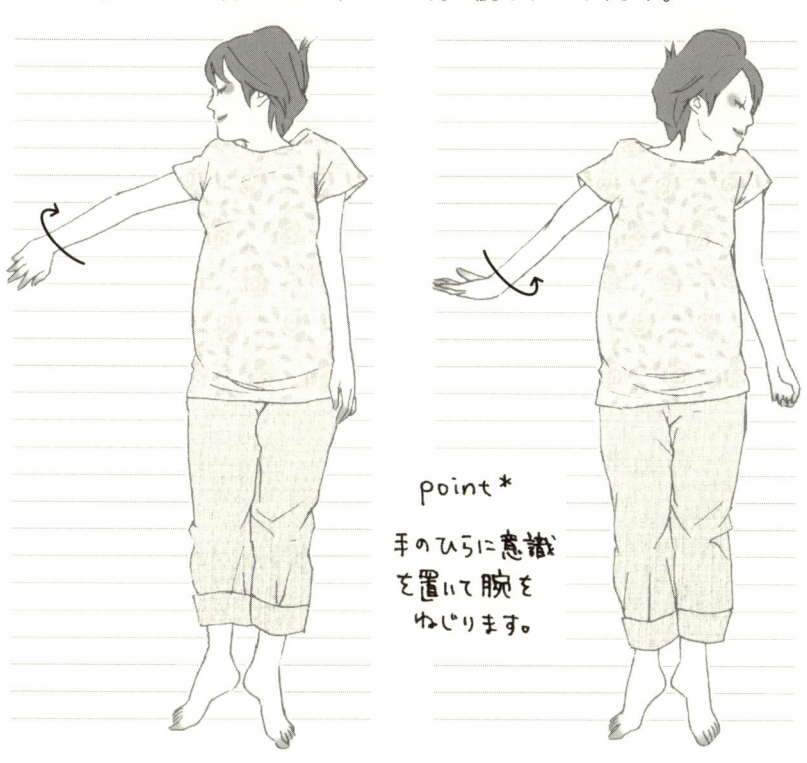

point*
手のひらに意識を置いて腕をねじります。

## 椅子にすわってする操体

### 1
# 膝を動かす

〈効果〉膝を動かすと、腰や背中が連なって動きます。腰から肩、首も気持ちよく動かしましょう。腰、背中、肩の疲れに効果的です。電車の中などでも手軽にできる便利な操体です。

## 1-1 左右の膝頭を突き出す

- 快適に動ける方は、どちらですか？
- 快適に動ける方の膝頭を突き出し、気持ちのいいところで動きを止め、軽く一息を吸います。
- 5秒間力をためて「ストン」と全身の力を抜きます。
- 2・3呼吸の後、同じ動作を3〜5回します。
- 両方動いてみて同じ感じになったらOKです。

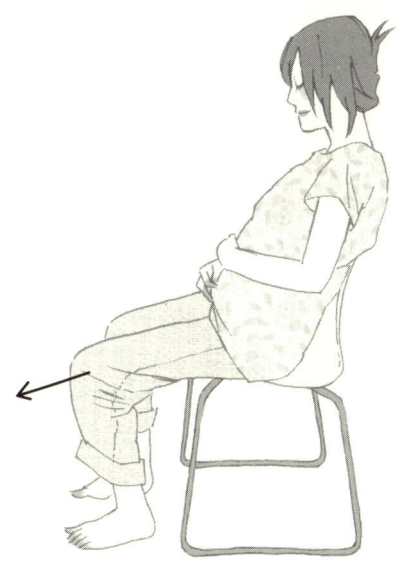

point *
膝頭を突き出すと腰もねじれて前へ動きます。

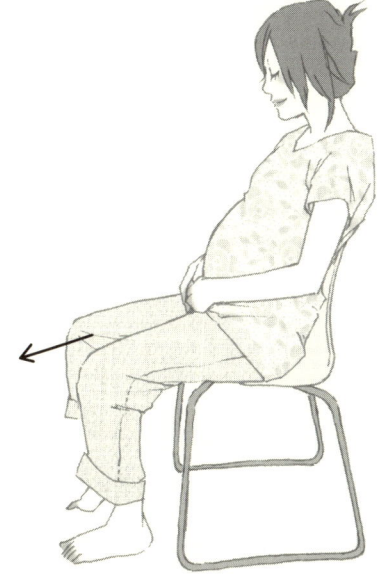

## 1-2 左右の膝（太もも）を持ち上げる

- 快適に動ける方は、どちらですか？
- 快適に動ける方の膝を持ち上げ、気持ちのいいところで動きを止め、軽く一息吸います。
- 5秒間力をためて「ストン」と全身の力を抜きます。
- 2・3呼吸の後、同じ動作を3〜5回します。
- 両方動いてみて同じ感じになったらOKです。

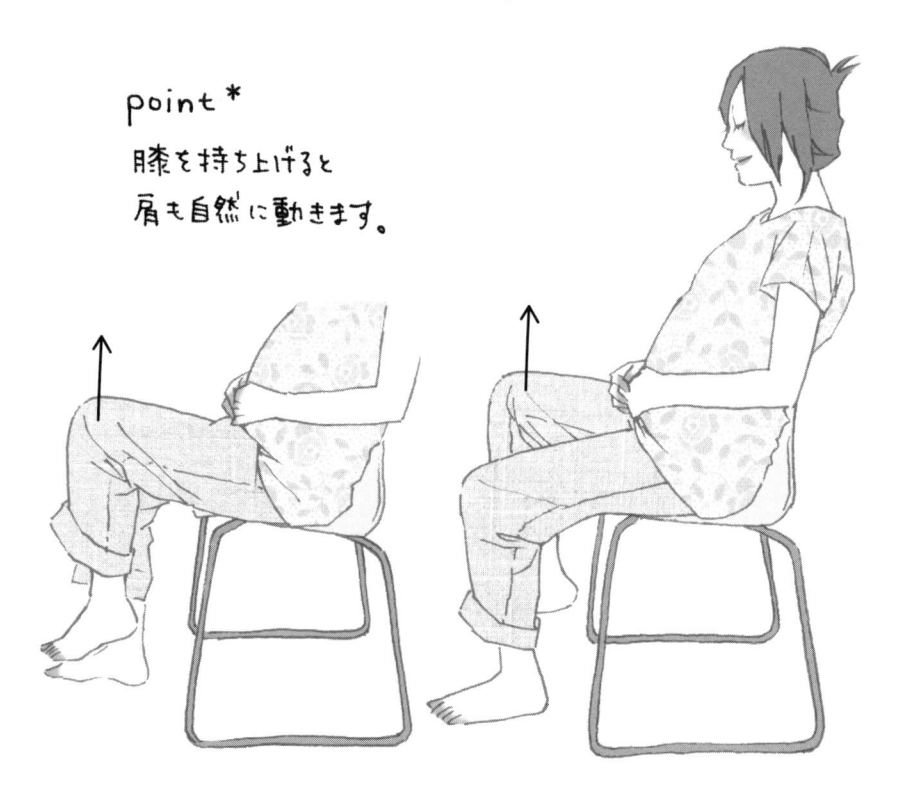

point*
膝を持ち上げると
肩も自然に動きます。

## 1-3 左右の足の裏で床を踏みしめる

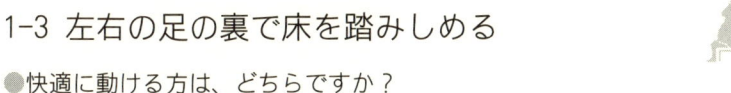

- 快適に動ける方は、どちらですか？
- 快適に動ける方の足裏で床を踏みしめ、気持ちのいいところで動きを止め、軽く一息吸います。
- 5秒間力をためて「ストン」と全身の力を抜きます。
- 2・3呼吸の後、同じ動作を3～5回します。
- 両方動いてみて同じ感じになったらOKです。

point *
足の裏で床を踏みしめると
腰に力がかかります。

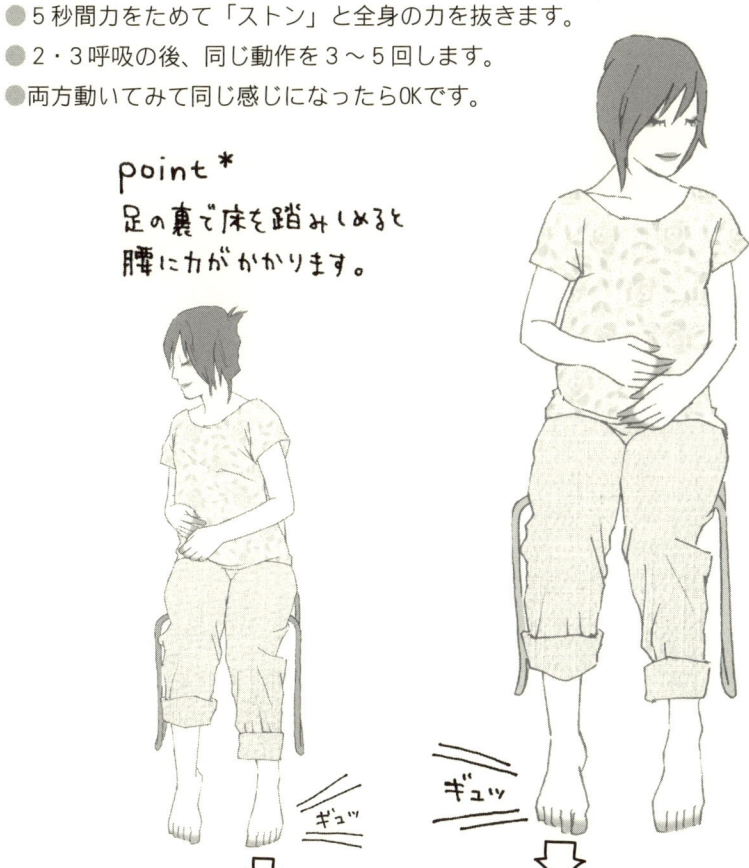

椅子にすわってする操体

## 2
## 首を動かす

〈効果〉頭をゆっくり回してみましょう。なめらかに回りますか？
頭を支える首には意外とストレスが掛かっています。首周辺を柔軟にし、
血流を良くします。肩～首～頭部に疲れを感じたときに。

## 2-1 頭を前後に倒す

- 快適に動ける方は、どちらですか？
- 快適に動ける方に頭を倒し、気持ちのいいところで動きを止め、軽く一息吸います。
- 5秒間力をためて「ストン」と全身の力を抜きます。
- 2・3呼吸の後、同じ動作を3〜5回します。
- 両方向に動いてみて同じ感じになったらOKです。

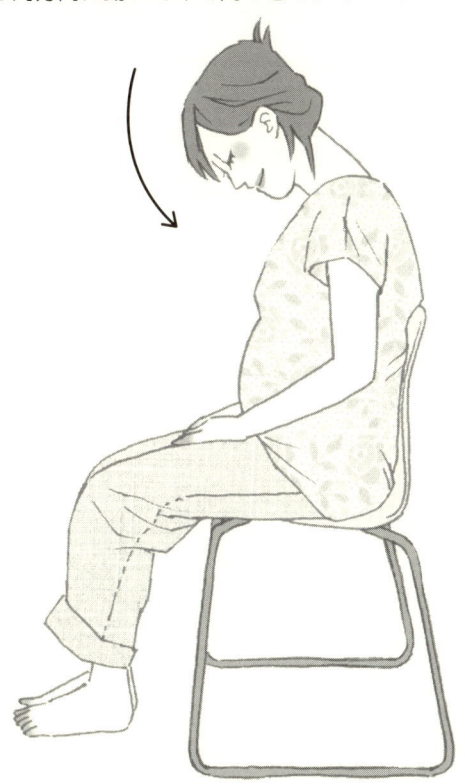

point*
頭を前に倒すときは
胸を見るようにします。
後ろに倒すときは
あごを突き上げ、
胸を伸ばします。

## 2-2 頭を左右に倒す

- 快適に動ける方は、どちらですか？
- 快適に動ける方に頭を倒し、気持ちのいいところで動きを止め、軽く一息吸います。
- 5秒間力をためて「ストン」と力を抜きます。
- 2・3呼吸の後、同じ動作を3〜5回します。
- 両方向に動いてみて同じ感じになったらOKです。

point*
頭を倒すと、倒した側の反対の肩が上がります。

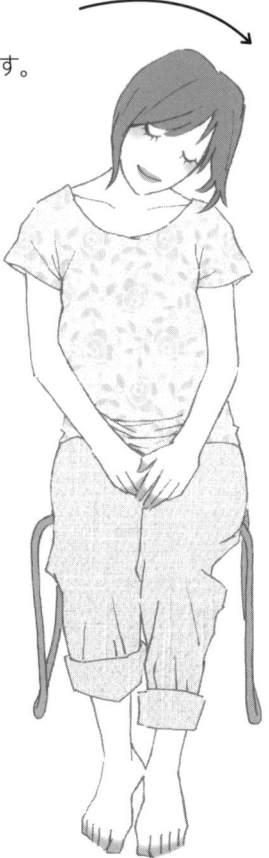

## 2-3 頭を左右にねじる

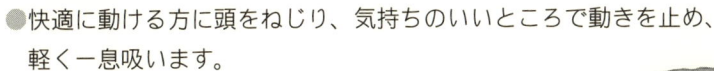

- 快適に動ける方は、どちらですか？
- 快適に動ける方に頭をねじり、気持ちのいいところで動きを止め、軽く一息吸います。
- 5秒間力をためて「ストン」と力を抜きます。
- 2・3呼吸の後、同じ動作を3〜5回します。
- 両方向に動いてみて同じ感じになったらOKです。

point *
頭をねじると、ねじる方向の肩が上がります。

## 2-4 頭をゆっくり回す

- 右回し、左回しを気持ちよく。

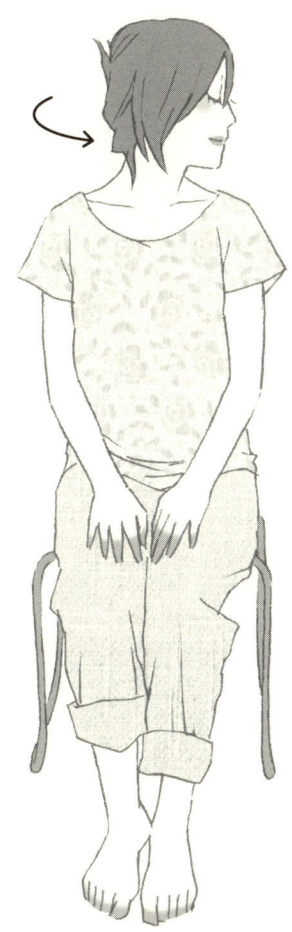

## よつんばいの操体

〈効果〉お腹の重みを支えている骨盤を重さから解放します。からだ全体の緊張や歪みを取り、腕の力を無理なくつけます。

● 手と両膝を、腰の幅にゆったりと開き、よつんばいになります。

point *
手の位置はそのままで重心をいろいろ変えてみましょう。

- 腰や背中全体をほぐすように、いろんな方向に腰を動かしてみましょう。
  - 左右からかかとを振り返り見るように動く
  - へそを見るように背中を丸める、天井を見るように腰を反らせる
  - 左右から天井を見上げるように動く
- 突っ張り感や引っかかり、痛みはありませんか？
- 心地よく動ける範囲で、突っ張りを感じる方向から逃げるように気持ちのいい方向へ3〜5回動きます。

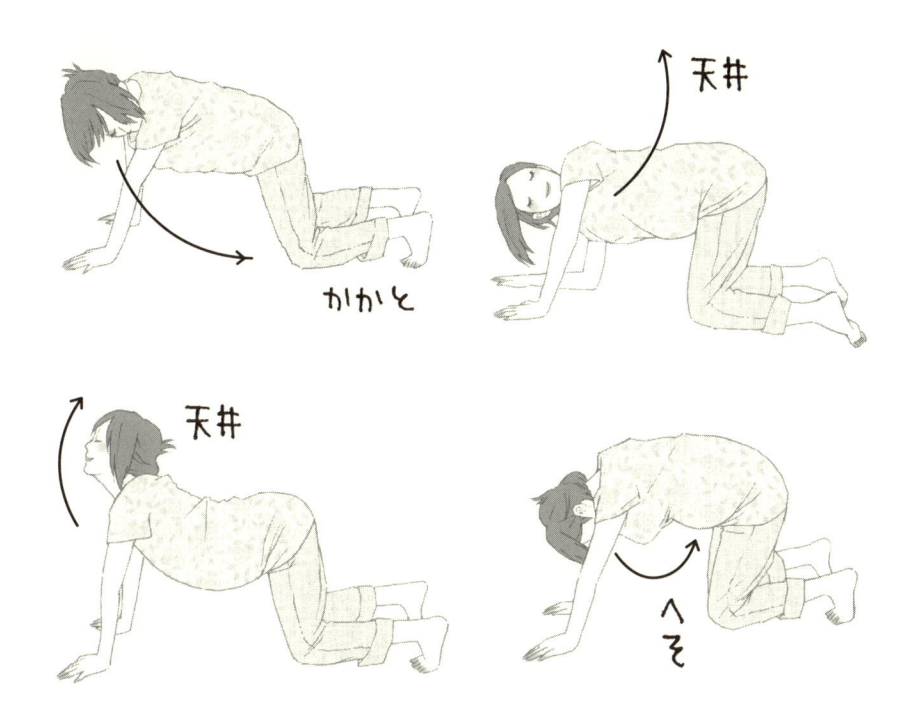

## 足首と足指の操体

〈効果〉足の指はからだの土台で、全身のバランスをとるところです。柔軟性をつけ、足の冷えや疲れを改善します。小さな部分ですがとても大切です。

## 1-1 足の指と手の指をつないで回す

- ●片方の足首を反対側の腿の上に置きます。
- ●乗せた方の足の指と反対の手の指を組みます。
- ●組んだ手を使って足首を回します。足の指を反らせたり曲げたりします。

point *
足首を意識しながら大きく回します。
指が痛いときは、指を反らせたり
曲げたりしてほぐします。

内回しと外回しをやってみて、
心地よい方があれば
30回程度回し、
反対回しも行います。

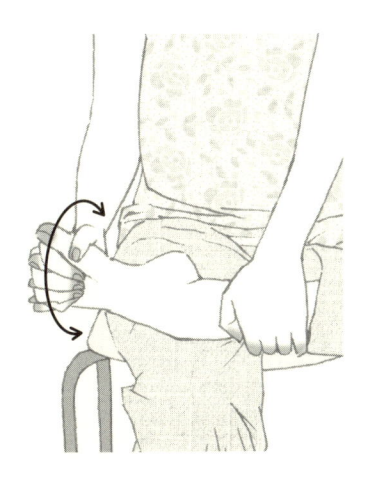

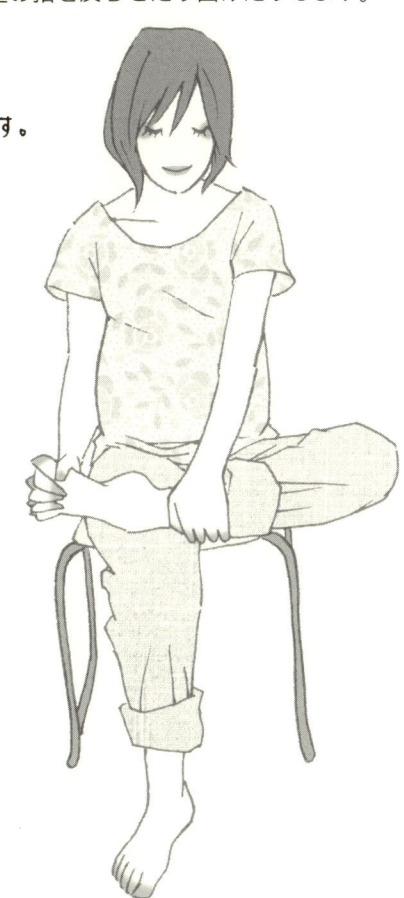

2 マタニティ操体

## 1-2 足指もみ

- 手を使って、足指を1本ずつもみながら回します。
- 〈足の指と手の指をつないで回す〉操体をした時に、指が入りにくかったり痛かったりする場合は、特にていねいにもみ回しをします。
- 足指を立てて立て膝になり、お尻を左右に振るのも効果があります。

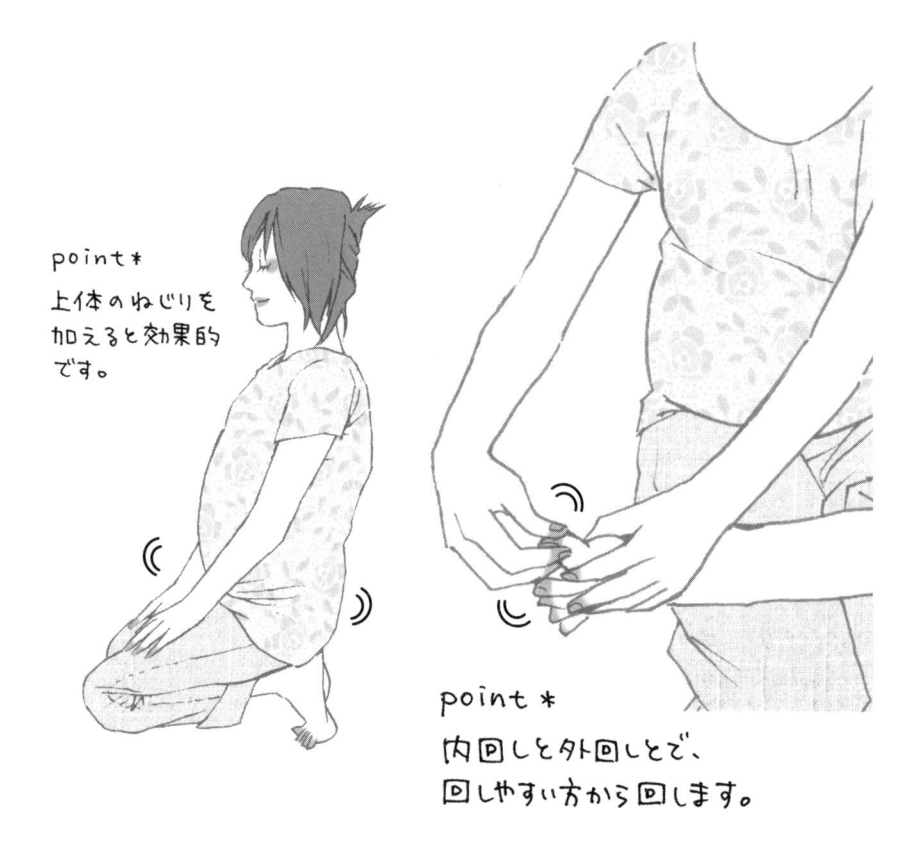

point *
上体のねじりを
加えると効果的
です。

point *
内回しと外回しとで、
回しやすい方から回します。

## 立ってする操体

〈効果〉腰の疲れをとります。陣痛が始まってからすると、お産の進行を助けます。

### ゆったりと腰を回す

- 足を腰幅に開いて足先を平行に、ゆったりと立ちます。からだを前後左右に軽くゆらし、安定感のあるところを探します。腰に手を添え、両足の親指を意識し、腰の中心でゆったりと腰を回します。

- １回右回しをします。反対の左回しもやってみて、引っかかりがないか痛みがないかをみます。

- 骨盤がなめらかに動き、気持ちよくゆったりと回せる方の腰回しを10回程度行います。

- 反対側の腰回しをやってみて引っかかりがなくなったかどうかを確認し、両方とも行います。

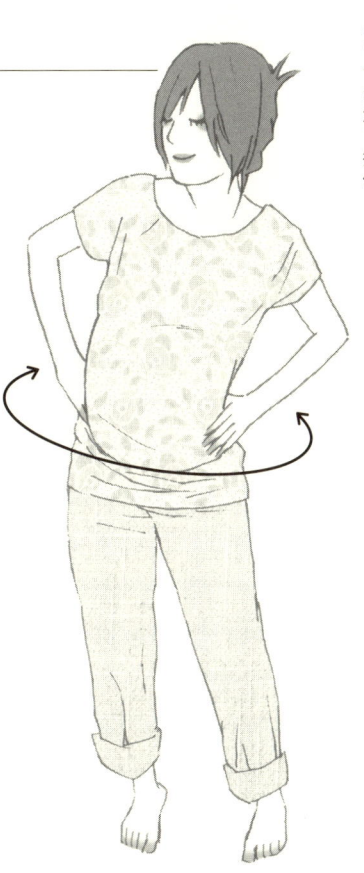

２ マタニティ操体

## ⑤ こんな症状にこんな操体を

稲田　稔

　妊娠中の困った症状に効果のある操体です。無理をせずに、苦しくなったり気分が悪くなったら中止して休んでください。

- 少量でも出血を伴う場合
- 下腹部が持続的に痛み横になって休んでもお腹の張りがおさまらない場合
- 症状がひどい場合

　こんな時は必ず受診し、治療を受けて下さい。

- イライラする、眠れない、微熱、息切れ、動悸、腰背部痛、こむらがえり、手足のしびれ、便秘　頻尿、おりもの

　これらの症状は、妊婦さん特有の不快症状です。ある程度は誰でも感じるもので受診を急ぐ必要がありません。

## つわり

　妊婦さんは妊娠4～10週に、つわりを感じ始めることがあります。この頃、胎児は身長2.5cm体重3g位です。つわりは体内に突然存在し始めた胎児や胎盤（異物）に対する拒否反応として現れたものです。

　人によってつわりは違います。つわりはおこる人もいますし、おこらない人もいます。つわりの期間、症状などは個人差があります。何も食べられなくなる。食べ物の好みが変る。酸っぱいものや淡白な味の食品がほしくなる。つねに吐き気がする。吐きやすくなる。からだがだるい。頭痛がする。めまいがするなどの症状がでます。

▶つわりには何の操体でもOK。〈マタニティ操体〉P.30～63を参照し、からだに相談しながら無理をせず、やりやすいものを選んでください。吐いてばかりで水分も受け付けない場合は、脱水症状が起こりますから受診し治療を受けて下さい。

## 足がつる

　胎児の成長とともに子宮が広がり妊婦さんの体重が増加します。からだの重心が移動し、腰椎の前彎（反り）が強くなります。からだはバランスをとるため肩が丸くなり、腰と首と足に負担がかかります。

　妊娠の末期（9ヶ月頃）に足がつることを訴える人が多くなります。これは、腰椎の前彎が強くなっていることと関係があると考えられています。

▶両つま先を上げる操体 ---p.33
▶両膝を90°に曲げて、左右に倒す操体 ---p.39

## 逆子

　赤ちゃんは普通、逆立ちをした形で、頭から先に産まれてきます。逆子とは、足またはお尻から産まれ、頭が最後になることを言います。
　妊娠8ヶ月で胎児が逆子であるとわかったら、次の操体をして下さい。

▼頭を枕の上にのせて、仰向けになります。
▼胸より高くクッションを積み上げて腰から膝を乗せ、
　腰を胸より高い位置に上げます。
▼足の裏で交互に床を踏み込みます。
▼楽な方の踏み込みをします。5秒間ほど力をいれ、
　「ストン」と力を抜きます。
●2・3呼吸の後、同じ動作を3〜5回繰り返します。
　踏み込んだ感じが、左右同じになります。
　このまま、ゆったりリラックスをします。

＊臨月に近づき胎児が大きくなって、子宮内で動く余裕が少なくなってくると難しくなります。

▶**よつんばいの操体** ---p.58
▶**足指もみ** ---p.62

point *
苦しくなったら無理をせず中止します。お腹を胸より高くすることで、胎児が逆さに戻ることをうながします。骨盤内に入っていた赤ちゃんのお尻が浮き上がり、動きが活発になります。クルッと自然に自己回転して、正しい胎位に戻る可能性があります。

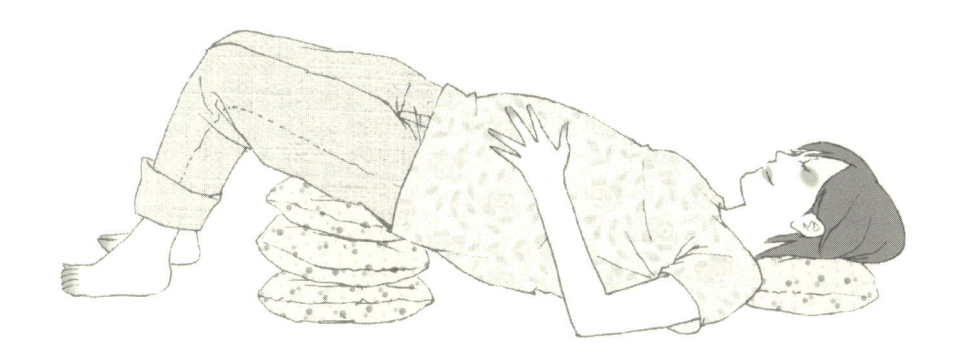

## むくみ

妊娠7ヶ月目頃に出る症状として、むくみ、腰痛、痔などがあります。
　日常生活において、長時間の立ちっぱなし、仰向けで寝る姿勢など、子宮が邪魔をして足からの血流がさえぎられてしまいます。その結果、むくみ、痔、静脈瘤が起こったり、悪化しやすくなります。

　足のむこうずねを押すとへこんだまま戻らない、体重の増加が1週間に500g以上ある、尿の回数が減ったなど、これらの自覚症状を伴う場合は、妊娠中毒症の疑いがあります。すぐに受診して下さい。

### 足を上げて踏み込む操体

▼壁際に仰向けになります。
▼股関節と両膝を曲げ、足の裏を壁につけます。
▼左右のかかとは腰幅に開き、お尻の下にクッションを置きます。
▼左右の足の裏を交互に壁に押し付けます。
▼楽な方を5秒間ほど押し付け、「ストン」と力を抜きます。
▼2・3呼吸の後、同じ動作を3〜5回繰り返します。
●もう一度動かして左右が同じになったかを確認します。

＊妊娠34週目以降、やりづらいと感じたらこの操体はしないこと。

▶ **足指もみ** ---p.62

point *
両脚を壁に上げたり、足が心臓より高い位置に
くるような姿勢をとると緩解します。
お尻の下にクッションを置くと、
骨盤を自由に動かすことができます。

## 乳腺炎

　乳腺炎は、乳頭および乳腺の炎症で、授乳を行っている女性は、いつでもかかるおそれがあります。産褥期に発症しやすい症状です。乳汁の排泄が不十分になって起こるものと、乳頭から乳管を経て細菌感染するものがあります。操体をすることにより症状が軽減します。

---

**からだをねじる操体**

- ▼正座または椅子に腰掛けます。
- ▼両肘を開き、後頭部で手を組みます。
- ▼左右にからだをねじり比べます。
- ▼楽な方にからだをねじり、5秒間ほど力を入れ「ストン」と力を抜きます。
- ▼2・3呼吸の後、同じ動作を3〜5回繰り返します。
- ●もう一度動かして左右が同じになったかを確認します。

---

▶片方の腕を内・外にねじる操体　---p.49

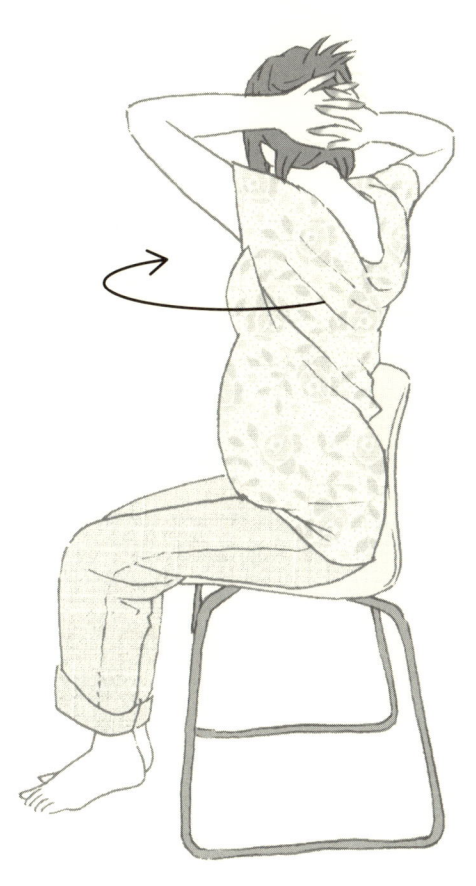

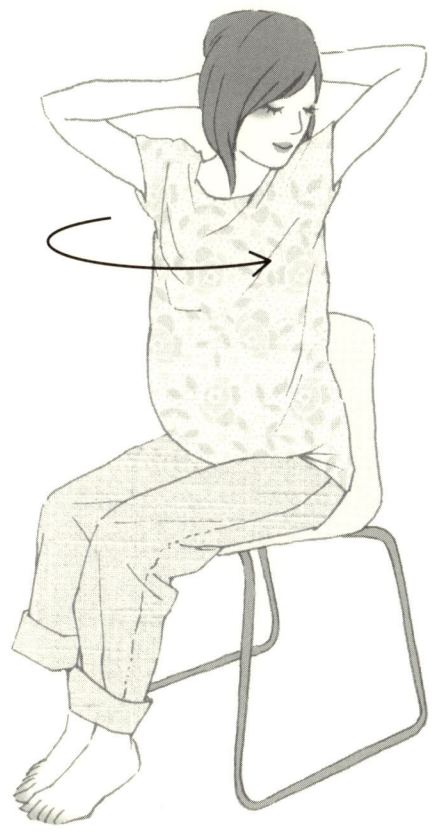

71

マタニティ操体

point *
ねじった時に窮屈に感じたら、
その窮屈さから逃げるように
動きます。

## ⑥ 産後の操体

### お産を終えたからだをバランス良く整える

　おめでとうございます。妊娠、出産を赤ちゃんとともに乗り越え、やっと喜びの日を迎えられた事と思います。

　お産を無事終えてほっとしたのもつかの間、赤ちゃんのお世話に忙しい毎日が始まりました。慣れない赤ちゃんとの生活ですが、赤ちゃんも懸命に頑張っています。お父さんや周りの人の助けは遠慮なく受けて、落ち着いてからだの休養を第一に考えましょう。

　子宮が元の大きさに戻るまでの産後約3週間は、布団を敷いたままにして、いつでも横になりましょう。産後の養生はとても大切です。開いた骨盤が元に戻り、子宮内壁からの出血がおさまるまでの6〜8週間は無理をせず、からだの回復が優先です。元気なお母さんほど無理をしがちですから要注意です。

　妊娠分娩の経過が順調だった人は、産後の回復も早いといわれています。妊娠分娩の経過によっては助産師や医師の指導を受けてから操体を始めてください。

| 効果 | 1日目〜 | 3日目〜 | 5日目〜 |
| --- | --- | --- | --- |
| 腹筋を引き締める<br>精神安定<br>腰を和らげる | ●腹式呼吸 (p.86) | | |
| 骨盤を閉める<br>軟産道を締める | ●足先を左右に倒す操体 (p.32) →●両足先を内側へ倒す | | ●割座で寝る (p.75) |
| 足の疲れ | ●足先を手前に引く・倒す操体 (p.31)<br>●足首を回す (p.61) | | |
| 授乳・肩こり | | ●左右交互に肩を上げる操体 (p.43)<br>●腕をねじる操体 (p.49) | |
| 股関節〜<br>骨盤を整える | | | ●片膝を左右に倒す操体 (p.35)<br>●両膝を左右に倒す操体 (p.39)<br>●かかとをけり出す操体 (p.40) |

2 マタニティ操体

## 1日目〜

1 腹式呼吸 ---p.86

2 足首を動かす操体
   - ●足先を左右に倒す ---p.32
     ↓
   - ●両方の足先を同時に内側へ倒します。3回

   - ●足先を手前に引く・倒す ---p.31
   - ●足首を回す ---p.61

## 3日目〜

1 腹式呼吸 ---p.86

2 肩を動かす操体
   - ●耳に付けるように、左右交互に肩を上げる ---p.43

3 腕を動かす操体
   - ●片方の腕を内・外にねじる ---p.49

## 5日目〜

1. **股関節を動かす操体**
   - ●片膝を90°に曲げて、左右に倒す ---p.35

2. **骨盤を動かす操体**
   - ●両膝を90°に曲げて、左右に倒す ---p.39
   - ●足をのばしたまま、左右交互にかかとをけり出す ---p.40

3. **割座で寝る**
   正座から足を左右に開いてお尻を床におろします。（割座）
   そのまま仰向けで寝て、1分間ほど休みます。
   (やり辛い人は無理をせずに)

point＊
つま先は内側を
向けておきます。

マタニティ操体

## 1週間目〜

1. よつんばいの操体--- p.58

## 1ヶ月以降〜

慣れた操体を自由に

## 操体をやってみていかがでしたか？

　実際に動いてみると、からだの感覚ってとても微妙でわかりにくいなぁと感じた方もいらっしゃると思います。からだを動かすことだけに集中して、そこに生じた左右の感覚差をききわけて選ぶような体験は、今まで受けた体育教育の中にはなかなかありませんから、わかりにくいと感じても無理はありません。なおさらからだの歪みが小さいと左右、前後の感覚差は微少で、からだは感覚に鋭敏さを要求してきます。どちらの方向にからだを動かしても快適に感じる時や差が感じられない時は、両方向に操体をやってみましょう。快適な方向がわかることがあります。

　快 - 不快という対の方向でなく〈後ろをふり返った時にからだのどこかに突っ張り感が生じた〉などの動作（姿勢）から、少し逃げるようにからだを戻した時、感じた突っ張り感が無くなればそこもからだが求める〈快の領域〉に含まれます。そこで他の部分もモゾモゾと動かしてみてからだに気持ちよさが拡がればそこで「ストン」と脱力です。
　動きと呼吸がなかなか合わないこともありますが、〈あくびをしながら伸びをする〉感じがつかめれば合格です。60点そこそこでいいのです。

# 3

旬でスペシャルな10ヶ月を過ごすコツ

## ♪ あたためること

　妊娠中はあたためることを心がけましょう。からだの機能は、36.6度くらいの体温が保たれたとき、最良に働くといわれています。

　外からからだが冷えると筋肉の柔軟性が低くなり、血液循環が低下します。その結果、また筋肉の柔軟性が低くなり、悪循環に陥ります。

　飲食で冷たいものを摂ると、お腹が冷えてからだの機能が低下します。日常的にからだを芯から冷やしていると、予定日が過ぎてもお産が始まらなかったり、分娩がスムーズに進まないこともあります。からだのコンディションを整えるには、中からも外からも冷やさないことです。

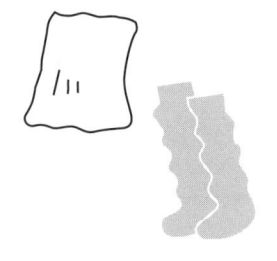

### ●冷えは足元からきます。

　日中や就寝時にお腹をあたためる腹巻き（シルク）、ふくらはぎまでのレッグウォーマーは強い味方です。お風呂上がりは靴下をはきましょう。

### ●保温器具を厳選しましょう。

　電磁波の影響が心配です。電気こたつ、電気毛布、電気カーペットなどの電気保温器具はなるべく使わないようにしましょう。就寝時の保温は湯たんぽを使うと安心です。赤ちゃん用のものは、カバーが2重になっていて緩やかです。出産後も使えます。

## ●夏場のクーラー温度の設定は高めにします。

　クーラーのかかった部屋の床温度は意外に低く、足元を冷やします。靴下を2重に履いてちょうどいいくらいです。

## ●食べ物や飲み物は温かいものを摂りましょう。

　冷蔵庫から出したばかりの温度のものや、体温より低いものを飲食するとお腹が冷えて内臓の機能が低下します。体温が35度台の人は特に、熱いものをふーふーさましながら摂るようにしましょう。

　飲食物のあたため直しは、電子レンジを使わず、土鍋などで。南国の果物や、砂糖、砂糖を大量に含む清涼飲料水は、極陰性（＊）でからだを冷やします。温かい番茶やハトムギ茶を。

## ●自然素材の衣料で温かく。

　綿やシルクなどの自然素材のものは、からだに優しくあたたかです。

## ●半身浴

　37～38度のお湯にからだをみぞおちまで沈め、20分を目安に温まります。天然塩、備長炭、竹炭などをいれると、よく温まり湯冷めもしません。入浴剤は化学物質が入っていることがあるので、安心なものを選ぶか避けます。

旬でスペシャルな10ヶ月を過ごすコツ

## ●足湯

　日中や就寝前など、冷えを感じるときにいつでも。足の裏がすっぽりと入るバケツなどに、38～42度のお湯をくるぶしがかくれるくらいに注ぎ、足をいれます。ポットに熱い湯を用意して、お湯がさめたら注ぎます。熱いので注意してください。じんわりと気持ちがいい程度まで。

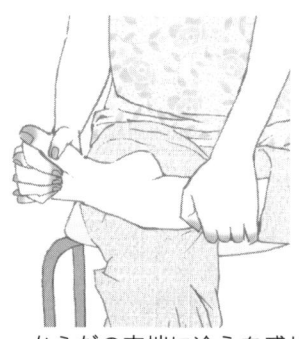

## ●足指回し

　片方の足首を反対側の腿の上にのせます。のせた方の足の指と反対側の手の指を組みます。組んだ手の指を使って足首を回します。足の指に手の指がうまく入らないときや痛みがあるときは、足の指１本１本を回すことから始めましょう。

　からだの末端に冷えを感じるとき、飲食に冷たいものを多く摂っていたり、からだが冷える衣服の問題があります。内臓の保温を第一にと、体の機能が働くためで、体温が中心に集まってしまうからです。

## ●イトオテルミー療法

　イトオテルミー療法はとても気持ちよく、からだが芯から温まります。もともと家族同士の健康回復のために始められた療法だそうですが、療術師に施術を受けることができます。妊婦さんにも優しく、おだやかです。

　問い合わせ先　〈イトオテルミー親友会〉
　http://www.ito-thermie.or.jp/
　tel：044-811-8415

## ●手当て

　何かに足をぶつけたときやお腹が痛いときに、思わず手を当てた経験を、誰でも持っていると思います。手のひらからほんわかとした温かいエネルギーのようなものが、出ている気がします。何かを使って温めるのとは違いますが、からだのいろいろなところに、そっと手のひらを当ててみましょう。心が落ち着くところが見つかります。

　赤ちゃんがむずがる時、おかあさんが無心になって、赤ちゃんのお腹とおでこに手のひらを軽く乗せると、安心します。

＊極陰性（ごくいんせい）とは…
　陰陽：中国の易学でいう、宇宙の法則を作り、支配する二つの相反する性質を持つ気。積極的なものを陽、消極的なものを陰とする。（『岩波国語辞典』）
極陰性とは陰性のきわみにあり、からだを冷やす作用が大きい。

　陰性の食物：暑い土地や季節にとれるもの。成長が早いもの。大きくてやわらかく、水気の多いもの。性質—氷、水、寒、冬、遠心性（膨張力、上昇性、拡張性）カリウムの多いもの。

　陽性の食物：寒い土地や寒い季節にとれるもの。成長が遅いもの。小さくてかたく、水気が少ないもの。性質—火、熱、夏、求心性（収縮力、下降性、圧力）ナトリウムの多いもの。

　（陰陽の性質は産地、種類、栽培方法、調理加工方法により変化します。）

## ♪ 食べること

　選択肢が多様化し食べるものに困らない現代です。コンビニやスーパーには様々な食品が溢れ、そこではどこの産地のものも容易に手に入ります。並べられる食材は季節も選びません。そんな便利な時代に「何をどんな基準で選ぶか」を考えたとき、かえって難しく感じることが多くなりました。

　「今、私が口にする食べ物が、お腹の子供をつくり育てる」と考えると、安易な食材選びや食べ方は慎まなければと思います。お腹に宿る生命に対して、責任のようなものでしょうか。

　操体の創始者、橋本敬三医師は「…土地のもの、旬のもの、自然界では生物はその時に行動できる範囲のものしかとって食べることが出来ないようになっています。ただし、保存の出来るものは季節外でも食べられます。人間だけはこの範囲を拡大できるようになりました。
　それが果たして幸か不幸か、ビニールハウスが真の文化かどうか。自然界には適応の範囲というものがあります。極端に度を越すとあぶないことになります。けれどもケチと面倒くさがりで、からだのもたない粗末なものだけで胃袋をごまかすこともまた危険です…。」と書いています。
　　　　　　（『万病を治せる妙療法』橋本敬三　農山漁村文化協会）

　「身土不二（しんどふじ）」という言葉があります。「からだと土はひとつ」人の命は食べ物で支えられ、その食べ物は土が育てる。だからあなたの住むところで育ったものを食べると、からだは環境に調和し健康でいられるという意味です。

たとえば、大阪に住む人は大阪の気候風土でできる食材を求めると、環境とからだは調和し、健康を保てるということです。

手先や足先の体温は温かく保たれていますか？砂糖や南国の果物は極陰性で体を芯から冷やします。暑い国の人にとってはとても理にかなっていますが、あなたの住むところの気候風土ではどうでしょうか？

「食事の内容は、歯の種類と数にあわせるのが好ましく、肉食用の歯（犬歯）は４本、全歯28本中４本で７分の１の割合。野菜食用の歯（前歯）は８本。臼歯は16本。肉類：野菜類：穀類＝１：２：４が良い」と橋本医師はのべています。一度の食事で全体の半分量は穀物を摂ると、バランスが整い、肉類は週に一度でいいという感じですね。

肉類：1
野菜類：2
穀類：4

そして、安産のためには、ぜひとも取り組んで欲しい体重のコントロールですが、食べ過ぎに注意をすることです。「ふたり分食べる」のは栄養事情が悪かった時代のことで、今では体重の制限が指導されます。

でも、そうかといって無理なダイエットは禁物です。食事の調整は大変に感じますが、神経質になりすぎず、和食を基本にするとカロリーも抑えられ、食材が豊富で繊維質も多く摂れます。和食は、摂取カロリーが抑えられつつ、必要な栄養素が摂れる優れた調理法です。ほど良い運動もエネルギー燃焼効果があり、体重管理の助けになります。

つわりの時無理やり食べる必要はありません。赤ちゃんの完全栄養食はお母さんそのものです。赤ちゃんは母体に蓄積してある脂肪から、栄養を奪ってでもすくすくと育ちます。

食に関する情報がさまざまにあふれています。私たちは、何をどう食べるとからだがどうなる？といった情報に惑わされます。特に困ったことに、ダイエットに関する情報は、私たちの生き方や自然を無視し、翻弄します。

今のあなたのからだを大切にすることが、真の意味で生命をきちんとはぐくむことにつながります。生命は日々の食事でつくられます。食材選びは旬のものを選ぶ、調味料は天然のものを…基本は和食としますと、ずいぶんシンプルにまとまってきます。

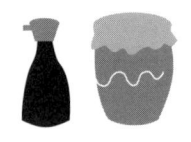

天然醸造のみそやしょうゆ、天然塩など自然のものを使う。好ましい食の入門としては、まず調味料です。

農薬のかかったもの、添加物の入った加工食品は避ける。日持ちの良すぎるものは変です。食べない。

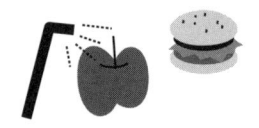

海草類、穀類、身土不二を守った、住む土地にできる旬の野菜果物類、豆類などを中心に調理をする。

こんな食材選びはそう難しいことではありません。安全な食材を共同購入する方法がありますし、自然食を扱う信頼できるお店でも簡単に手に入ります。

そして何より大切なのは、「感謝」し、「よく噛んで」いただくことです。妊娠を機会に、食に関して学びチャレンジすることは家族の健康管理にも、子育てにも非常に役立ちます。「食育」の始まりですね。

受胎前後の女性に、とても必要だと最近重要視されている栄養素のひとつに「葉酸」があります。ビタミンB群の一種ですが20代、30代の女性に不足しがちな栄養素です。特に妊娠1ヶ月前から受胎3ヶ月くらいまでに十分に摂取することが大切だといわれています。(400マイクログラム/1日)

野菜や穀物、大豆などに多く含まれていて、これら葉酸を多く含む食材には他のビタミンやミネラル、食物繊維も豊富です。積極的にしっかり食べることを心掛けてください。

不足しがちな葉酸をサプリメントで補うこともおすすめですが、摂取量を守ることに気をつけてください。

ほうれん草
ブロッコリー
アスパラガス
納豆
イチゴ
キャベツ
白菜
オレンジ

旬でスペシャルな10ヶ月を過ごすコツ

## ♪ 息をすること

　操体では、腹式呼吸を勧めています。「夜床に入る前に、膝を立て、手を下腹に当て、腹をへこませながら息を吐ききる。吸うときは自然に充分吸う。吐く息を長くゆっくり。毎晩10回くらい練習をする。1分間に2・3回呼吸できるようになるとよい。」

（『生体の歪みを正す』橋本敬三　創元社）

　心が不安な時や、はっとしたとき、人は息を詰めてからだを硬くします。心が安定しているとき、呼吸は深くおだやかです。腹式呼吸は、意識的に深くゆっくりとした呼吸をすることで、自律神経系に働きかけ、心の安定をうながします。心が安定していると血流や内臓の働きは良好で、からだはゆるんでいます。妊娠中はこの腹式呼吸法で、いつも新鮮な酸素をからだに送りましょう。息は鼻からすいこんで口か鼻からゆっくりと吐き出します。

　産後、初めての育児に不安を感じるお母さんが少なくありません。赤ちゃんのお世話で忙しい中でも呼吸に目を向けてみましょう。意識的な深い呼吸は、心の安定を得る方法として、いつでもどこででもできるセルフ・ヒーリング法といえます。

そして呼吸で最も大切なことは、鼻呼吸をするということです。からだの免疫系に密接に関連しています。口呼吸を習慣的に続けると、空気と一緒に吸い込んだ細菌やウイルスが、体にダメージを与えます。鼻には優れた空気浄化装置がついていて、体内へのバイ菌の侵入を防ぎます。つまるところさまざまな免疫病の予防には、口呼吸ではなく、鼻呼吸にすることが大切です。
（関連 p.109～110）

　妊娠週数が進むにつれ、お母さんと赤ちゃんの酸素の必要量は多くなります。ところがお母さんの横隔膜は、子宮に押し上げられて下がりにくくなり、呼吸は浅く速くなりがちです。その時期、腹式呼吸が難しくなります。そのときは、胸を広げる胸式呼吸をおすすめします。ゆっくりと深く、肋骨を縦横に広げるように、肺に酸素を送り込みます。

　始めてのお産は時間がかかることが多く、陣痛のたびに痛みをこらえて息を詰めると、胎児に送られる酸素不足が深刻化します。陣痛の時は、とにかく息を「ふーっ」「ふーっ」と、ゆっくり長く繰り返し吐き出すこと。吸うことは考えなくても大丈夫です。吐くと勝手に入ってきます。酸素の取り込みすぎで頭がぼーっとすることがありますが、手のひらで口をおおい、吐き出した二酸化炭素を吸うと回復します。

　お産の時の呼吸法として「ラマーズ法呼吸法」があります。お母さんと赤ちゃんに新鮮な酸素を送り、おかあさんの産痛緩和の方法として優れています。ラマーズ法出産は、お産のメカニズムを学びながら妊娠出産に関して理解を深め、妊婦さんが十分にからだと心の準備をして出産に臨む「準備出産」の総称です。

陣痛を必要なものと理解し、呼吸法と補助動作で痛みをコントロールしながら、陣痛の合間のリラックスタイムを最大限に活かすことができます。おかあさんは、陣痛が始まってから赤ちゃんが生まれ出るまでの道のりを理解していますから、落ち着いていて、出産時にパニックに陥ることが少なくてすみます。「楽しいお産だった。」と感想を述べる産婦さんが多いのもうなづけます。

　また、最近よくすすめられていますが、「ソフロロジー式呼吸法」を使うソフロロジー式出産があります。
　ソフロロジー式出産は、「妊娠、出産、赤ちゃんとの新しい生活」をポジティブにとらえ、母性を育みながらイメージトレーニングやエクササイズを行い、妊婦さんの心とからだを安定させます。おかあさんは出産を赤ちゃんとの共同作業であるととらえ、陣痛を素直に受け入れ、赤ちゃんと共に乗り越えます。このような訓練で、おかあさんは赤ちゃんとの生活をスムーズに始めることができます。

　呼吸法を含めて分娩法もさまざまありますが、妊娠中にあなたと赤ちゃんの助けになる呼吸法を十分練習しておくと、安心してお産に臨めます。分娩予定の助産院や病院などで、呼吸法の指導はあるかどうか、どんなものかを確認しておくと安心です。呼吸法を学びチャレンジするのも「いいお産」のためにはとても良い方法だと思います。

## ♪ 想うこと

◆ ふたりでひとつ

　「人生は口から出す言葉に舵（かじ）を取られる。」と操体では教えています。美しい言葉や優しさのある言葉を使うと、人生はどんどん良い方に向かうという意味です。

　妊娠中はホルモンの変化で不安になったり、イライラすることも多く、心のコントロールが難しい時期です。むやみに感情を抑えつけると、爆発してしまいます。妊婦さんには、周りの人や夫の優しさと理解が必要な時期です。

　お産の前後、おとうさんは普段の何十倍も思いやりを持って妻に接してくださることをお願いします。妊婦さんが孤独にならないように、話を聞いてあげてください。妊婦さんと赤ちゃんの最高のサポーターはお父さんです。

　妊婦さんは頑張って我慢をする必要はありません。でも、周りの人に甘えてばかり、周りの人に我慢ばかり押しつけるのは考えものです。助産院や病院などで妊婦さん仲間をつくる、からだを動かす、新しい料理に挑戦する、赤ちゃんの服や身の回りのものを作る、花を植えるなど、あなたが嬉しく感じるあなたらしい気分転換の方法を見つけてください。

　ふたりでひとりの280日、ひとつだけれどふたつの生命、あなたとあかちゃんの心は一つです。あなたの心の状態と赤ちゃんは同じです。あなた自身が喜び、赤ちゃんと楽しさを共有できる生活を作り上げましょう。

旬でスペシャルな10ヶ月を過ごすコツ

また、後の章に紹介しました、ホメオパシー（同種療法 p.112）やフラワーエッセンス（花療法 p.115）などの自然療法は、心やからだのさまざまな問題に細やかに対応し、あなたと赤ちゃんを助けてくれることと思います。

◆笑う！

笑っている時、からだを守る働きをする免疫力が上がると、ここ近年「笑い」に関する研究が進められています。鏡に向かってにっこりほほえむと、この免疫力のおかげでからだの機能が良好に保たれるとも言われています。こんなに便利で安上がりな方法を使わない手はありません。

鏡がなくても、ほほえむように顔の筋肉を動かすだけで同様の素晴らしい効果が得られるそうです。

◆美しいものを観る

お散歩ついでに美術館や、美術品を鑑賞できるギャラリーに足を運んでみましょう。最近は嬉しいことに、百貨店などでも盛んに美術展が開かれています。美術に詳しくなくても大丈夫。静かで優雅な空間に身を置くと、日常の喧噪を忘れます。絵画などの芸術作品からは、創った人の磨き上げられた魂があふれ出ています。美しいものは観る人にプラスエネルギーを注ぎ、私たちの心を元気にしてくれます。

◆ 潜在意識にお任せ

　何か問題を抱えた時、考えが堂々巡りを始めて眠れないときがあります。そんな時私は「潜在意識よ、よろしく！あとは頼んだよ！」と心の中でお願いします。するとふっと落ち着いて心が問題から離れ、ぐっすり眠れます。これは、ずっと前に何かの本で読んだ方法です。

　人の意識には10％の顕在意識（日常の意識）と90％の潜在意識（無意識）があり、心の奥底にある潜在意識は、「何でも知っている」といわれています。潜在意識には普段ふたが閉まっていて、日常的には意識されませんが、就寝時にそのふたが開くそうです。

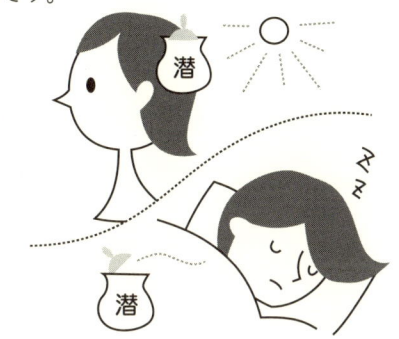

　考えても答えのでない問題は、いったん頭の中（顕在意識）からぽんと解き放ってしまうと、あとは潜在意識が片づけてくれるという便利なもので、後日ひらめきや、ふとした思いつきで答えがでます。不思議ですね。(ナチュラルセラピストの平田芳郎先生に確認しましたら、スイスの精神病理学者 C・G・ユング1875〜1961の理論だそうです。)

（参考：『やさしくわかるユング心理学』山根はるみ　日本実業出版社）

◆良い音！

　いい音楽、好きな曲は気分を弾ませ、心を癒してくれます。公園や郊外などには、自然味にあふれる音がいっぱいあって、私たちをおだやかで良い気分で満たしてくれます。赤ちゃんが健やかに育つための胎教音楽もあります。思い切ってコンサートに出かけ、お腹の赤ちゃんと一緒に心地良い音楽にふれるのも、今しかないスペシャルな時間です。

◆感謝する

　感謝のない人生なんて…つまらない人生です。妊娠中のあなたは、一心に赤ちゃんの元気な発育を願い、祈りながらお過ごしのことだと思います。

　こうして、途切れることなく続いてきた生命に思いを向けると、今ここにある自分の存在も、まわりのすべての人も等しく尊く感じます。
「おかげさまで…」
「ありがとうございます」
こんな美しい言葉の響きは自分も、周りの人も幸せにします。

　今、生命を育むというすばらしい仕事を与えられました。
どうぞ、あなたから明るく光り輝いてください。

◆限界を感じたら…

　私たちはさまざまな感情とともに日々を送っています。いろいろな日があるから人生面白い！と、思える時はまだ良いのかもしれません。しかし、私たちは自分の力で感情を処理できないほどの、大きな出来事に遭遇することがあります。深い悲しみ、喪失感、絶望、恐怖、無気力などは生命をも脅かしかねません。

解決の糸口が見つからない時、専門のカウンセラーに相談をするのはとても有効です。カウンセラーの力を借りると、客観的に問題を整理することができます。

　また、「心理問題を癒し、身体的な悩みも消し去る、誰でも安全にできる療法」として最近日本に導入された、自分でできる身体心理療法ＥＦＴ（Emotional Freedom Techniques）〈感情解放テクニック〉はとても優れています。東洋医学の経絡、ツボを刺激することから「タッピングセラピー」とも言われます。セラピストやカウンセラーの指導を１〜数回受け、一連の流れを覚えると、いつでも自分でできるようになります。日々経験するちょっとしたイライラや鬱積した気分、不快感にこのテクニックを使うと、短時間で効果が現れ、嫌な感情が解消されます。

　ＥＦＴで不快な感情を解消できるようになると、周りの人に迷惑をかけることがなく、不快な気持ちを自分の心の奥深くに、我慢と共に押し込める必要がなくなります。不快感情の快への転換が自分で、しかも短時間で可能な点は画期的です。時間をかけて行うと「ある事柄を不快に感じた自分」の「根本的に持っている資質」が改善できる点は特筆に値します。

## ♪ 避けること

家族と生まれてくる赤ちゃんの健康のために、汚染の少ない環境をつくりましょう。

### ◆化学物質

からだや生態系に毒性のあるものは使わないようにしましょう。胎児、乳児が受ける影響は、想像を超えています。

農薬、合成洗剤、家庭用殺虫剤、添加物などは危険な化学物質です。からだに安全性の高いものを厳選するか、オーガニックなものを扱うお店に足を運び、納得のいくものを選びましょう。口に入れるもの、家の中に置くものは、体と環境に優しいものを選び、料理は手間ひまを惜しまず手作りを楽しみましょう。安全と健康が得られます。

●油をあまり使わないお料理で使った食器は、お湯を使いスポンジや布でこすると、洗剤なしでも洗い上げることができます。粗塩で洗う方法もさっぱりします。

●皮膚から浸透する毒物が話題になっています（経皮毒）。洗濯は環境にもからだにも優しい、天然素材の洗濯用石けんを使うと安心です。自然界に存在する物質でつくられたものは、短時間で自然に還り、自然の営みを乱すことがありません。

●ふき掃除や食器洗いには重曹が便利です。
　・バケツの水に大さじ1杯ほど薄めた重曹液でふき掃除をする。
　・食器やレンジの汚れに、スポンジに振りかけた重曹の粉を使う。

●炭を蒸し焼きにしたときに出る蒸気を集め、冷やした木酢液（または竹炭の竹酢液）は安全性が高く、脱臭、消毒、除虫効果があります。目的にあわせて薄めた液をスプレーボトルに作っておくと、何かと便利に使えます。

脱臭　50～100倍にうすめる

除虫　10倍にうすめる

虫さされ　1滴塗布する

浴用　100cc入れる

土壌改良・消毒　1000倍にうすめる

うがい　コップ1杯に1滴

（口に入れて良い製品かどうかを購入時に確認してください。）

◆水

　水道水は安全だといわれますが、源水が汚染された地域は、浄化の過程で薬剤が多量に使われる可能性があります。水道管や浄化槽の劣化に対して、私たちは管理ができません。水道水を直接飲食には使わず、浄水器を通すと安心できます。

浄水器

旬でスペシャルな10ヶ月を過ごすコツ

◆電磁波

　電気製品からでる電磁波は、健康に害があると言われています。とはいえ、なかなか防ぐことが難しい現代生活です。
　○電気製品にはからだを近づけず距離を置く。
　○電話は親機を使用する。
　○パソコンには電磁波ガードをつける。
　○電子レンジは調理に使わない。
　○携帯電話の通話はイヤホンを使い、本体はからだから離す。
　○寝室で携帯電話の充電をしない。

　電磁波対策として備長炭や竹炭を室内の各所に置くことをおすすめします。蛍光灯やテレビから出る電磁波を吸収すると言われています。また、シックハウス症候群の原因といわれる、室内や建材などの工業化学製品に使われることが多い化学物質は、空気中に拡散しやすいのですが、これらの吸着にも効果を発揮するといわれています。

◆牛乳、乳製品

　カルシウムの摂取に良いと言われている牛乳ですが、アレルギーを引き起こす危険性のある食品の一つだといわれます。消化酵素を持たない日本人が常飲すると、乳脂肪を消化するために骨からカルシウムを奪い、骨折のリスクを高めるともいわれています。

　妊娠中に是非とも摂りたいカルシウムは、含有量の多いひじき、小魚、野菜を日々の食卓に取り入れることで十分です。

Ca カルシウムをたっぷりとるには…
ひじき　小魚　野菜

## ♪ 日常動作便利帳

日々大きくなる赤ちゃんを支えるお母さんは大変です。骨盤を歪ませないように、日々の姿勢に注意を払いましょう。(日常動作・クセのチェック参照 p.24)股関節の左右バランスを良好に保ち、からだ全体の不要な緊張と歪みを取るためにも、良い姿勢を心がけることが大切です。

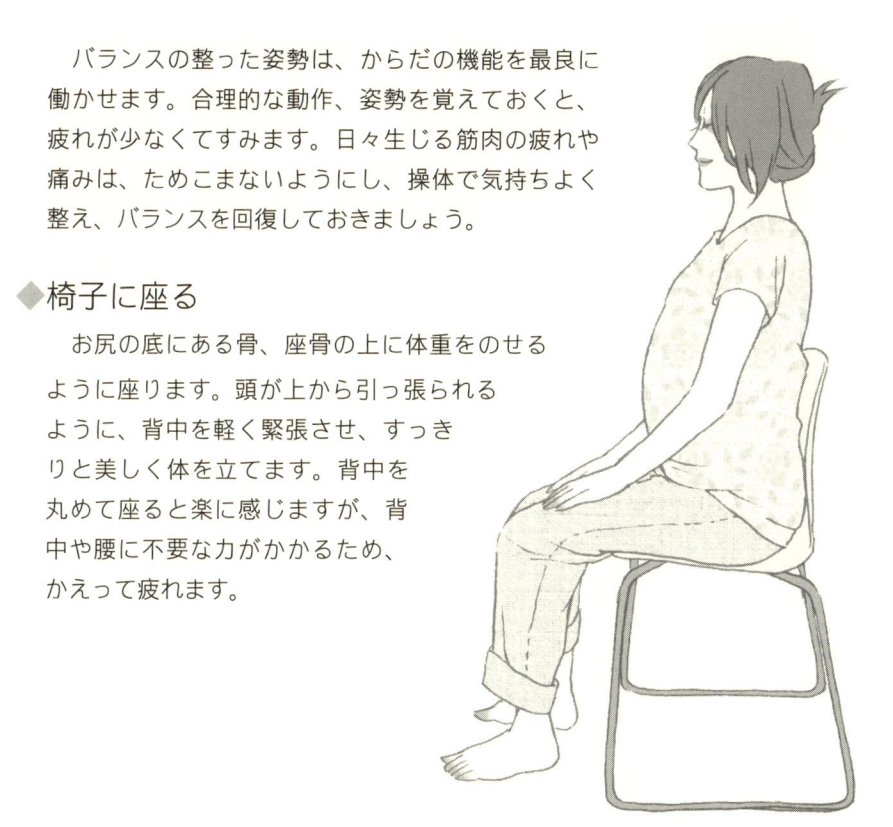

バランスの整った姿勢は、からだの機能を最良に働かせます。合理的な動作、姿勢を覚えておくと、疲れが少なくてすみます。日々生じる筋肉の疲れや痛みは、ためこまないようにし、操体で気持ちよく整え、バランスを回復しておきましょう。

### ◆椅子に座る

お尻の底にある骨、座骨の上に体重をのせるように座ります。頭が上から引っ張られるように、背中を軽く緊張させ、すっきりと美しく体を立てます。背中を丸めて座ると楽に感じますが、背中や腰に不要な力がかかるため、かえって疲れます。

◆あぐらを組む

　横座りや足を組む姿勢は、股関節や骨盤に偏った力がかかり、からだ全体を歪ませます。安産のためにはあぐらを組む姿勢がおすすめです。骨盤底筋を柔軟にし、お産をスムーズにします。

　●お尻の下に二つ折りの座布団やクッションを入れ、
　　背中や腰はすっきりと立てます。

point*
産後1ヶ月間は、あぐらを組まない姿勢で授乳をしましょう。開いた骨盤が戻りにくくなります。

◆立つ

　足先を平行に開き、両方の足に均等に体重をかけます。頭部を立てて首筋を伸ばしてすっきりと立ちましょう。腰が反りすぎないようにして立つと、椎間板にかかる圧力を分散し、腰痛を防ぐことができます。

● 壁に背中をつけて立ち、腰のあたりに手のひらがはいるくらいをだいたいの目安にします。

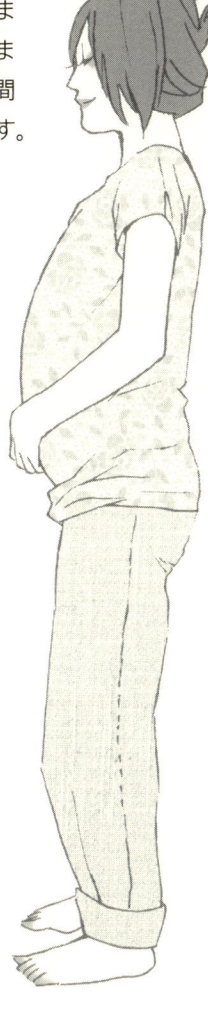

旬でスペシャルな10ヶ月を過ごすコツ

◆寝ころぶ・起きあがるときの動作

　腹筋によけいな力が入らない動作です。

寝るとき…
　長座から膝を曲げます。手をついて上体を丸めながら横向きになります。両膝を曲げたままゆっくりと体を横たえます。

起きあがるとき…
　両膝を曲げて立てます。横向きになり手をついて、最後に頭を起こします。

◆シムズの体位

　お腹が目立って大きくなる頃、仰向けで寝ると足の付け根が圧迫されて、気分が悪くなることがあります。充分に体を休めるための「シムズの体位」を覚えておくとゆっくり休めます。

- ●横向きに寝て上の足を軽く曲げてクッションを挟みます。
- ●同じ方向ばかりでなく、両方の横向きで寝ましょう。

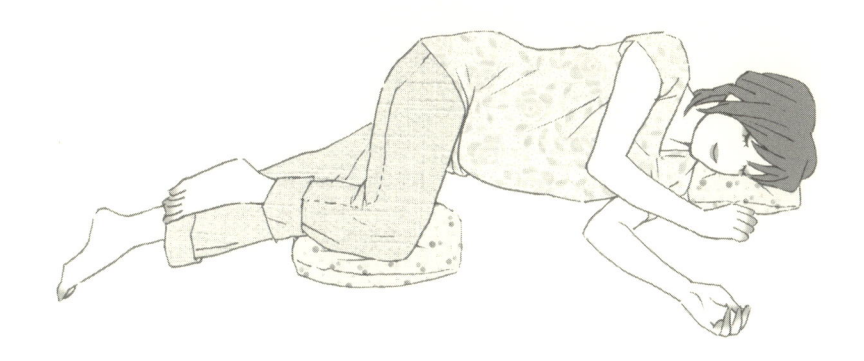

3 旬でスペシャルな10ヶ月を過ごすコツ

## ◆荷物を持つ

　荷物を持ち上げるときは足を腰幅に開きます。しゃがんで脇を締めて、手の小指に力を集めて荷物を持ちます。
　軽く内股にして足の親指の内側で踏ん張り「よいしょ！」と声を出すと腹筋にも適度に力が入り、腰にかかる力が分散されます。妊娠初期はお腹に力がかかり、流産の危険性があります。重いものを持つのは控えましょう。

## ♪ 鍛えること

体力、筋力、持久力と、さまざまな力が必要なお産です。前向きにとらえて無理をせず、じっくりと取り組みましょう。

### ◆キーゲル体操

膣の筋肉を引き締めます。赤ちゃんの通り道の運動です。
- お尻をすぼめ、膣の筋肉を引き締めながらゆっくりとお尻を上げていきます。
- 筋肉をゆるめながらゆっくりと降ろします。
- 10回程度。お腹を突き出さないように。腰の痛みを感じたらやりません。

少しうきます

## ◆ろうそくを吹き消すように

腹筋に弾力をつけ強化します。
- 仰向けに寝て膝を90°に曲げ、両足を腰幅程度に開きます。
- 鼻から息を吸いお腹に満たしたら、ろうそくの炎を吹き消すように口をすぼめて胸の息を吐ききります。
- 5回程度。

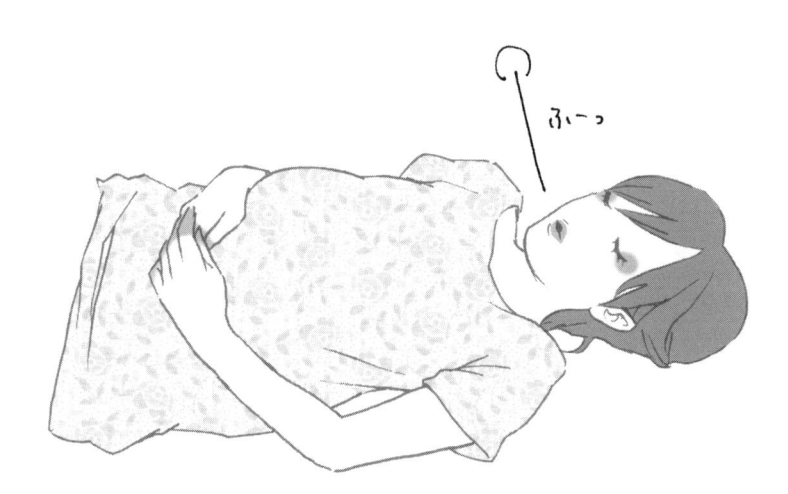

## ◆スクワット

足腰を鍛え、骨盤を開きやすくします。
- 椅子の背もたれなどに手を添えます。両足を腰幅に開きます。
- 背中を伸ばしてかかとを床につけたまま、膝を屈伸させます。
- 5〜10回程度。

point*
洗濯物を干すときなどにできます。洗濯かごから洗濯物を取り出すときにしゃがむ、干すときに立つ。

3 旬でスペシャルな10ヶ月を過ごすコツ

◆しゃがむ

　トイレの洋風化とともに日常からしゃがみこむ動作が減りました。しゃがむと骨盤底筋が伸びやすくなります。赤ちゃんが出て来やすくなり、お産を助けます。
　●足を開いてしゃがみます。

足首がかたくてスクワットやしゃがむ動作がやりづらい人は、就寝時などに足の指と手の指をつないで回す操体～P.61をしてください。

## ◆骨盤底筋の体操

骨盤はバケツの底を抜いたようになっていて、骨盤底筋は骨盤の底にある筋肉です。骨盤底筋は、肛門、膣、尿道の3つの出口を囲むように、8の字状に網の目のようになっています。分娩中はこの筋肉が伸ばされます。

- ▼クッションや座布団を重ね、またいで正座をします。足の甲に体重を乗せると痛い場合は、すねの下にもクッションや、座布団をいれます。
- ▼骨盤を前後にゆらし、骨盤底の位置を確認します。
- ▼息をはきながら、肛門、膣、尿道を、子宮口に引き上げるようなイメージで締めていきます。
- ▼3～5秒間力をためて、ゆっくりゆるめます。
- ●10回程度。

妊娠中は定期的に行うと効果的です。妊娠9ヶ月からは特にオススメ。

旬でスペシャルな10ヶ月を過ごすコツ

## ♪ お散歩のすすめ

　お散歩は優れた全身運動です。妊娠中の体重管理に一役買います。筋力、体力、持久力アップに効果があり、エネルギーの燃焼をうながします。からだが活性化され、頭もすっきりします。妊娠経過が良い人は、安定期の妊娠16〜19週頃から一日40〜60分くらいを目安に歩きましょう。定期検診は可能な限り歩いて行き、日々のお買い物も歩いて足を使いましょう。

　日々のどの時間帯に散歩をするかはあなたの生活時間と照らし合わせて決めてください。夏場は早朝や夕方の陽の和らいだ時間帯で、冬場は暖かい日中だと無理がありません。無理をせず体調を考え、快適に出来る時間を工夫してください。

　紫外線対策を忘れず、両手が空くようにリュックサックを使い、低めの歩き慣れた靴だと安心です。ただし早産傾向のある人、妊娠中毒症がある程度進んだ人にはおすすめできません。妊娠経過を診てくださっている助産師や医師に相談しましょう。

## ♪ 歯のこと

　妊娠中は、ホルモンの変化によって、歯ぐきから出血するような歯周病が起きたり、悪化したりします。最近ではこの歯周病はさまざまな疾患の原因になり、妊婦さんの早産を引き起こす原因になるともいわれています。妊娠中は歯周病を治し予防するために、普段より歯の手入れをする必要があります。忙しい出産後は赤ちゃんのお世話で歯科治療を受けにくくなりがちです。歯科検診を安定期の妊娠16〜19週頃に受けておくことをおすすめします。

このような歯周病の予防には、丁寧なブラッシングが有効です。毛先の柔らかい歯ブラシを選び、歯と歯ぐきの境目に、45度の角度で毛先を当てます。小刻みに「横みがき」でみがきます。ブラシには何もつけないか、天然塩でみがきます。歯磨きペーストを使う場合は、安全性の高いナチュラルな素材のものを厳選して使うと安心です。成分表示を確認して、金属を練り込んだものは避けた方が賢明です。ブラッシングは毎食後にするのが理想的ですが、特に夜寝る前にはしっかりとみがきましょう。歯ぐきから血が出る人は、歯科に診療時期を相談し、診察を受けましょう。

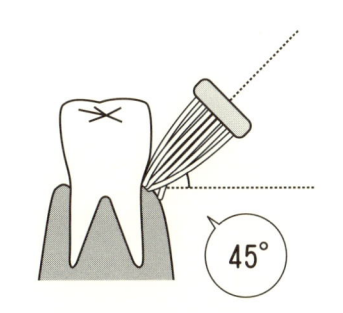

◆ 口呼吸をやめて鼻呼吸を。

　そして、歯周病の予防として大切なことのひとつに鼻呼吸があげられます。口呼吸をすると、口の中が乾燥します。乾燥によって歯周病菌が活発になり、菌が一気に増えます。口呼吸の原因は、口の周りの筋力が弱いことなどが原因です。さかのぼっていくと、乳幼児期からの生活習慣などが関連します。口のまわりの筋肉が弱いと、夜寝ている間に無意識に口呼吸をしていることが多いので注意が必要です。朝起きた時に口がねばついている、のどが痛いという人は口呼吸をしている可能性があります。

口呼吸を根本的に直し、鼻呼吸にするためには、口のまわりの筋肉を鍛えなおすことが、最も有効だと言われています。ペットボトルを口にくわえ、呼吸に合わせてへこませたり、ふくらませたりする動作を10回、日に3回程度やると効果が出ます。吸ってペットボトルをへこます時に肛門を締めあげる、吐いてふくらませる時に肛門をゆるめるようにすると、お産に必要な筋肉も同時に鍛えられます。

## ♪ 胎動のこと

赤ちゃんのことを一番わかってあげられるのはお母さんだけです。妊娠19週頃にはほとんどのお母さんが感じる「胎動」は、赤ちゃんからの元気サインです。臨月に近くなり、赤ちゃんが大きくなって骨盤の中で固定されると、動きは少なく鈍くなりますが、赤ちゃんが動かなくなることはありません。胎動の感じ方は人それぞれで、回数、頻度で赤ちゃんの健康状態を判断することはできません。

毎晩寝る前にリラックスして、赤ちゃんに声をかけながら胎動をチェックしましょう。全然動きを感じられない時、変だなと思ったら、赤ちゃんに臍帯が絡まっていることがあります。こんな時はためらわず、すぐに受診してください。

## 4
### 妊婦さんへ…妊婦さんに役立つ便利帳

## ♪ ホメオパシーのすすめ

林 祐子

　「同種療法」と訳されるホメオパシーは、今から200年程前、ドイツ人医師ハーネマンによって確立された療法です。諸外国では健康保険にも取り入れられ、現代医学とは違うもう一つの医学として認識されています。またホメオパシーで使う、「レメディ」はドラッグストアで購入できるほど生活に馴染みがあり、セルフケアのツールとしても活用されています。

※レメディ…植物や鉱物などを水やアルコールで薄めて液体を作り、それを砂糖玉に染みこませたもの。舌の下で舐めて溶かす。

　日本においては、導入されてから10年余りですが、実は、古くから伝わる民間療法との共通点があります。発熱して体が熱い時に、熱い卵酒を飲みますね。また喉がヒリヒリ痛い時、生姜湯を飲みますね。熱には熱を、ヒリヒリにはヒリヒリを。ホメオパシーでは、これと同様に「症状を起こしているものと同じ作用をするものを摂ることで自然治癒力が高まり、不快な症状を押し出す」と考えます。すると、からだの内側から自然治癒力が動き出し、症状を押し出すエネルギーが高まります。そして改善に向かうのです。

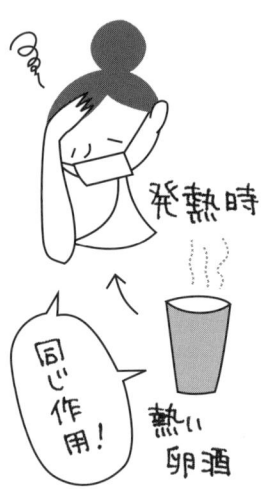

　治してくれるのは、レメディではなく、あなた自身の自然治癒力なのです。自分の力で「治る」のです。自分の力で治るというこのプロセスは、操体にも通じます。

　レメディは自然界に存在する物質から作られているので、からだに優しく、

成分が残らないほど（銀河系に涙1滴程度の薄さ）に薄められているので副作用がありません。ですから妊婦さんや赤ちゃん、小さいお子さんが安心して使えます。からだだけでなく心にも作用する力があるので、あなたのマタニティライフやお産、赤ちゃんとの生活において、強い味方になってくれることでしょう。

## ◆妊婦さんのホメオパシー

　妊婦さんが心身ともに快適に生活するということは、お腹の中の赤ちゃんにとっても心地よいことです。そして、心身ともに元気なマタニティライフを送ることが、いいお産をする鍵にもなります。とはいっても、妊婦さんの生活では、つわり、腰痛、坐骨神経痛、こむら返り、便秘、貧血、お腹の張りなど、様々な不快症状が見られることがあります。西洋医学の薬が必要な時もありますが、生活を見直すことで改善できるマイナートラブルもたくさんあります。それらの予防や改善に、ホメオパシーは大きな力となることでしょう。また不安や心配といった精神的なケアにも、ホメオパシーは力を発揮してくれます。心もからだも元気に、ゆったり豊かなマタニティライフを過ごし、出産の日を迎えましょう。

## ◆赤ちゃんのホメオパシー

　陣痛。それは、10ヶ月の時を経て、やっと赤ちゃんに会える喜びの痛みでもあります。と同時に、赤ちゃんにとっては、心地よかったママのお腹の中からの旅だちともいえます。陣痛は赤ちゃんとママの共同作業なのです。生後間もない赤ちゃんがよく泣くのは、陣痛という旅の労をねぎらってほしいためとも言われています。またおっぱいを飲むことは赤ちゃんにとって至福の時で、それが旅の癒しにもなるのです。ホメオパシーには、赤ちゃんを癒し、ママの体と心を癒し、回復を助ける働きもあります。

## ◆ホメオパシーを使うには？

　セルフケアとして使うのであれば「レメディキット」がお勧めです。日常での不調やケガに対応できるホメオパシー版「家庭の救急箱」です。使い方のテキストも豊富で、講習会も随時行われています。

　慢性病や深い心の問題にはキットだけで対応できない場合もあるので、お近くのホメオパシーセンターに相談することをお勧めします。認定試験に合格したホメオパスが約１時間の面談を行い、あなたに合う同種のレメディを割り出します。

お問い合わせ先　〈ホメオパシージャパン〉
http://www.homoeopathy.co.jp/

# ♪ フラワーエッセンスの効果

平田芳郎

## ◆フラワーエッセンス（花療法）の効用

先日、山陰に住んでいる友人のお孫さんの病気見舞いに行きました。生後３ヶ月のお孫さんは、右耳下のリンパ腺の腫れで１ヶ月以上入院中です。治療の甲斐あって熱も下り、腫れも少し引いてきたとのことでした。

赤ちゃんは比較的元気でしたが、ずーっと付添っておられるお母さんは、「赤ちゃんのことが心配で食事ものどを通らず、夜も眠れません。不安な気持ちが胸をふさぎ、息苦しく頭痛があります。」疲れきった顔でそうおっしゃいました。若いお母さんにとって最初のお子さんが病んだのです。こうなるのも無理はありません。

首や肩が固くなっていたので、持参していたイギリスのフラワーエッセンス＜ウォーターバイオレット＞でクリームを作り首に、肩には＜オリーブ＞のフラワーエッセンスを塗りました。やがて首や肩の凝りが溶けていきました。次第に頭痛が消え、頭の中が晴れていきます。北アメリカのフラワーエッセンス＜カモミール＞と＜イエルバサンタ＞もお勧めして飲んでもらいました。すると、胃腸がゆるみ、胸が開いてフーと大きなため息をつき、楽に呼吸ができるようになりました。「『そうだ、この子は大丈夫』と心の中に安心感が広がってきました。」そう話して下さったお母さんの顔は、柔らかく美しく輝いていました。

その翌晩、赤ちゃんは生まれて初めて、連続６時間も眠ったということです。母と子の心は、無意識でしっかり繋がっているのですね。

## ◆フラワーエッセンスって何？

　フラワーエッセンスは、主に野生の花から作られます。花は咲き誇っているときが、最もエネルギーが満ちているときです。雲一つない朝、その花を摘んで、花を育んでいる地下水を入れたクリスタルボールに花を浮かべ、燦々と輝く朝の太陽の下で3時間、水に花のエネルギーを抽出（これを転写といいます）させます。これがフラワーエッセンスの母液となります。ひとつひとつの花のエネルギー特性が転写されたフラワーエッセンスは、人が飲んだり塗布することで、感情や心のバランスを整えるように作用します。こうして病いを癒す力を人は与えられますが、このように花の特性の情報が転写された水ですから副作用はありません。

　フラワーエッセンスを用いた癒しは、有史以前の古代から、様々な文化の中で育まれ、息づいてきましたが、20世紀の初めに1人のイギリス人医師によって体系化されました。

　名医エドワード・バック博士は、最初の3つのフラワーエッセンスとなる野生の花を発見しました。「病気治療の目標は身体的症状ではなく、様々な心の状態や気分にある」との治療哲学のもと、バック博士はウェールズ、イングランドでの数千kmにも及ぶ、癒しの花の探索の旅を続けました。そして1936年、遂に38番目の花を発見しました。

　以来バック博士のフラワーエッセンスは、欧米はもとより世界の多くの国々で受け入れられています。自然療法として一般家庭に浸透し、医師、心理療法家、ボディワーカーなど様々なジャンルの人々によって使われ、人々のからだ、心、魂を癒し続けています。

◆妊娠・出産を助けてくれる
　心とからだのフラワーエッセンス

　妊娠した女性が、心身ともに健康な280日を過ごすことは、新しい生命にとっても、健やかな胎児・乳児期を迎えることにつながります。

フラワーエッセンスは、次のようなときに使うと助けになります。
　・妊娠中のデリケートな感情や精神を整えます。
　・母親として赤ちゃんを受け入れる気持ちの準備に。
　・おなかの赤ちゃんとの交流のために。
　・産まれてくる赤ちゃんのための精神的守護に。
　・身体の不調など、肉体的ストレスに。
　・出産をスムーズにするために。
　・出産後の心と身体のケアに。
　・赤ちゃんの心の不安定な状態に。

◆フラワーエッセンスの一般的な使い方

　1回4滴を飲み物に入れて、1日4回飲みます。ミネラルウォーター・ジュース・ハーブティー・紅茶など。（コーヒーは避けます）その他スプレイする、お風呂に入れるなどの方法もあります。フラワーエッセンスを用いたものに、マッサージオイルやクリームなどもあります。

　問い合わせ先　〈コスモスプレゼンツ〉
　tel/fax：06-6209-8015
　〒541-0041　大阪市中央区北浜3丁目3-16-201
　http://www.els-fes.jp

## ♪ お産のゼミを25年

ほりこしゆみこ

　「お産」という言葉が温かい衝撃と共にやってきたのは今から27年前のこと。東京の親友がラマーズ法とやらで産み、とても楽しいお産だったと報告してくれたことに始まります。当時の私は、今年30才になった一人息子を産んだ直後の子育て真っ只中でもあり、生活学研究所という前例のない仕事に取り組み始めたばかりでした。「あれもこれも学びたい症候群」だった私は、子供のいのちと健やかで楽しい暮らしに直結するあらゆるジャンルの専門家を引っ張ってきては、学びの場づくりをしていました。

　私のお産は、初産にして3時間という超安産ではありましたが"楽しい"という感覚はゼロに近かったので、親友の一言は実に衝撃に響きました。何であれが楽しいの？という素朴な疑問が、私をお産＝自然出産の世界に結果的にひきずりこんだことになります。子どものいのちに直結する分野に手を染めたわけですから、いのちの始まりであるお産に関わるのは当然すぎることですが、当初はとにかく"楽しいお産"と言わしめることをのぞいてみたいという野次馬根性がきっかけでした。まさか自分が指導する側の立場になろうとは、その時は夢にも思わないことでしたから、縁とは誠に異なもの味なものです。

　各種講座を主催していたので、そのひとつとして関西で初めてラマーズ法を導入された助産師の前田たまえ先生を招き講演会を催したことから必要にせまられ、定期的な「お産の学校」が始まりました。先生の助手として妊婦さんたちのお世話係から始めたそれは、民間で唯一のクラスとなり約10年続くうちに、いつしか私も指導する側に立ち今日に至っています。お産に関わり足かけ27年経ちました。この年月の間に見たこと見えたことは奥が深く到

底簡単には表現できませんが、変化の様は決して喜べないことが多くあります。この国の未来にも大きく影響することですから。

　問題のありかは、大きく分けて2つでしょうか。

　1つ目は、産む側の母体の問題です。単純に言えば、スンナリ妊娠してスンナリ産める体でなくなってきているということに尽きます。既に黄信号から赤信号に変わっているかもしれません。それらは全て昨日今日始まったことではなく積年の結果が今日現れていることに他なりません。つまる所その人の親の代からひきずった問題と言っても過言ではありません。戦後60数年、たったこれだけの年月で人間としての機能が損なわれるのは異常・非常事態と言えるでしょう。

　2つ目は、受け皿の問題です。お産難民という新語すら登場せざるをえない今日、産む場所の選択肢さえ与えられないケースが増加していることと、安心して子供を産みたくなるような社会状況から遠ざかっているということは、共に実に大きな問題です。現在国会では、医療改革（悪）が進められていますが、新たに助産院を開院することが事実上困難になる法案も含まれています。少子化対策ウンヌンという以前の話のように思えてなりません。

　特にこの10数年でどんどん明らかになってきたこれら大きな問題には数々の枝葉がくっついていますし、時に個別に異なることもあり、個人で解決できることもあれば、社会全体で取り組まなければならないことも多くあると思います。

　ただ私たちは皆、このような時代であることを深く認識しながら、コツコ

ツと小さな努力を積み重ねていく必要があります。

　やみくもに欧米化路線を走ってきたツケがはっきり現在現れているのです。妊娠・出産というのはまさしく"いのちと出会う"その原点に立ち戻れるまたとないチャンスであり、この風土にふさわしい生活感をあらためて学び直し、身に付けるとっておきの時期であることを実感します。20数年前に比べて現在の妊婦さんは確かにリスク付きの人が増加しているように思えます。ですが実際に彼女たちを指導しながら見せてもらう結果に、希望を感じることもままあるのです。

　誰も妊婦さんに代わってあげられません。彼女たちがやるかやらないか、それにかかってきます。いのちの琴線にふれた時やる気に火がつき、それがどんどん増殖していくたくましい変化は実に神々しくもあり、素直にやるべきことを続けた先にきっちり結果が待っています。やるべきこととは、自らの体の内と深く向き合い、ていねいにつきあうその具体的なことのくり返しに他なりません。個人としてできる最上のことです。"歓んで産まれてくるいのち"をしっかり迎えさせてもらう、そのための体づくり、心づくりがリスクさえ乗りこえてしまう力を培ってくれる、私はそこに人としての希望を見いだしています。

## ♪ 役立つ情報

困ったときの相談：
大阪府助産師会24時間電話相談　06-6775-8894

おすすめインターネットサイト：
（社）日本助産師会　http://www.midwife.or.jp
（社）大阪府助産師会　http://www.josansi.org/
たまごママネット　http://www.tamagomama.net/
ラ・レーチェ・リーグ 日本　http://www.llljapan.com/

## ♪ 参考文献

『万病を治せる妙療法』　　　　　　　　　農山漁村文化協会　橋本敬三
『生体の歪みを正す』　　　　　　　　　　創元社　橋本敬三
『腰痛を自分で治す』　　　　　　　　　　婦人生活社　橋本雄二
『すぐできる・ひとり操体』　　　　　　　宝島社　中川重雄
『ひとりで操体法』　　　　　　　　　　　農山漁村文化協会　小崎順子
『驚くほど治癒力を高める操体健康法』　　宙出版　鹿島田忠史
『不妊治療　食事と生活改善』　　　　　　東方出版　豊田 一
『〈気づき〉の呼吸法』　　　　　　　　　春秋社　ゲイ・ヘンドリックス
『呼吸健康術　口呼吸から鼻呼吸へ』　　　法研　西原克成
『夫婦でいいお産をしよう　助産所の窓からこんにちは』
　　　　　　　　　　　　　　　　　　　　メディカ出版　正木かよ
『母性を育む　ソフロロジー式出産と母乳育児』　日本評論社　岡村博行

## ♪ あとがき

細川雅美

　操体法は安全で気持ちが良く、洗練された、からだのバランス調整法です。この本には、妊娠を望む女性や出産を控えた妊婦さんがより良くからだを整え、いい妊娠・出産をして欲しいという思いを込めました。

　メインテーマである、「自然なお産」とは「何もせず自然のままで赤ちゃんを産む」という意味ではありません。元気な赤ちゃんを、お母さんが元気で自然に、しかも安全に産むには、相応の努力が必要です。赤ちゃんがお腹の中で元気で育ち、産まれてくるためにおかあさんは、今何をすればいいのか？何をしない方がいいのか？これは学習して身に付けることです。

　息をすること・食べること・動くこと・想うこと、そしてそれらをとりまく環境を整える操体法は、人の生命に沿う非常に理にかなったもので、人が自律的に健康に生きるための指針となります。

　とりわけ「マタニティ操体」は、妊婦さんに是非ともやって欲しい操体です。
＊妊婦さんがからだを自分で知り、バランスを整えることを意識できること
＊お産を介助する医療関係者が妊婦さんのからだを診て、適切に整える方法を知っていること
は、元気な赤ちゃんを安全に産むために、とても役に立つ知恵となります。安産を願い、元気な赤ちゃんの誕生を願い暮らす特別な280日間を、この本を役立て、楽しく明るく前向きに過ごされますことを祈っています。

　今回出版にあたり、ご多用の中にも関わりませず、私の声かけにこころよ

く執筆に加わって下さいました方々に、深く御礼申し上げます。また、沢山の助言を下さいました助産師の藤原鏡子先生、古谷ミチヨ先生には、お礼の言葉と今後のご活躍をお祈り申し上げます。

　この本のイラスト編集は大阪市立デザイン教育研究所の石橋美里さん、佐藤多恵さんにお願いしました。学業のお忙しい中、熱意を持って私のイメージを形にしてくださいました。ありがとうございます。

　最後になりましたが、ここまでお導きくださいました東方出版に厚く御礼を申し上げます。

## ♪ あとがきにかえて

稲田 稔

　この本を最後まで読んでいただきありがとうございました。

　操体法は「からだは動かした時に楽か辛いか、上下左右など対の動きの感覚差を感じて、差があった場合、楽で心地よい方に動かすと、初めにやりにくく辛く感じた方も楽に動くようになる」というからだの仕組みを使った身体調整法です。このからだのカラクリを発見したのが橋本敬三先生で、「操体法」と名付けました。

　かれこれ21年前、昭和60年にさかのぼりますが、私は橋本先生が89才の時初めて仙台の温古堂診療室でお会いしました。それから私は先生のお膝元で操体を学びはじめました。先生の診療室は、一般的な診療室のイメージとかけ離れていました。朽ちた治療用のベッド、手洗い台とついたてがあり、畳3畳の座敷には大きな本棚に蔵書が積んであり、丸火鉢が置いてありました。古武士のような風貌で丸火鉢の前に座る先生がその場におられるだけで、診療室全体に心地よい緊張感が漂って、私はその大きな存在感と、何ともいえないやすらぎや安心を感じたことを思い出します。

　ある日、橋本先生が次のように言われました。「産院で赤ちゃんの動きを見てきたよ。いやあ、気持ちよさそうだった。赤ちゃんは無意識の動きでからだのバランスをとっている。大人になってあの動きができたら、たいしたもんだ」と。

　人間は、体のバランスをとりながら動いています。しかもそれは苦しい動きではなく、快適に動いて体のバランスをとりたい、という本能で動いてい

ます。これが無意識の動きとなって出るのが癖や寝相であり、あくび、寝返りなどの行動にあらわれます。このようなバランスをとる動きを導くのが「からだにとっての心地よい感覚（原始感覚）」なのです。この感覚は頭で考える前に、自分のからだの心地よい感覚をものさしにすることで体感できます。

　人それぞれ、何かからだに異常を感じた時は、からだからの危険信号、サインだと思って、心地よい動きをすることにより、自然の治癒力が引き出され、痛みや症状を和らげることができます。ことに妊娠中は、母体が心地よい感覚を体感することにより、胎児も羊水の中で心地よく動き回っていることが容易に想像できます。

　この本は、マタニティライフから産褥期まで、ワクワク楽しく過ごせるように構成されています。従来の操体関係書の成書によくある理論は省き、妊娠中の方々が操体に簡単に取り組めるように解説しています。妊娠期間中の280日間を、おかあさんが安心・安全・快適に過ごすとともに、赤ちゃんがこの世に生を受けてから31025日（日本女性の平均寿命85歳として）を豊かに過ごすためにもこの本がお役に立てれば幸いです。

　最後に、このマタニティ操体に関わった方々に感謝と御礼を申し上げます。

## ♪ プロフィール

----- 編著者 -----

**細川雅美**（ほそかわ まさみ）
M'S 操体　操体法指導家
〒544-0033 大阪市生野区勝山北2-13-19
tel/fax：06-6712-5899
e-mail：ms-so-tai@excite.co.jp

**稲田 稔**（いなだ みのる）
稲田みのる治療室　鍼灸師　マッサージ師　柔整師
〒989-1623 宮城県柴田郡柴田町北船岡1丁目17-10
tel/fax：0224-54-1153
e-mail：m-inada@opal.plala.or.jp

----- 執筆協力者 -----

**林 祐子**（はやし ゆうこ）
助産師
大阪府河内長野市

**平田芳郎**（ひらた よしろう）
ナチュラルセラピスト
〒614-8375 京都府八幡市男山弓岡4-212-203
tel/fax：075-982-0513

**ほりこしゆみこ**
妊娠〜出産総合ゼミ"いのち抱きしめて"主宰
若松　料理人・生活学研究家
執筆、出版など多数（夜明けへの道、つながるいのち、など）
問い合わせ先（若松）
fax：06-6768-3677
e-mail：wakamatsu.okan@gmail.com

----- 協力者 -----

**藤原鏡子**（ふじわら きょうこ）
母微笑（ぽえむ）助産院　開業助産師
出産と育児の相談室
〒591-8005 大阪府堺市北区新堀町2丁目81-8
tel：072-252-8540
fax：072-256-0221
e-mail：sanbano_kyon@mx21.tiki.ne.jp

*Have a Happy maternity Life!*

**古谷ミチヨ**（ふるたに みちよ）
助産師　イトオテルミー療術師
大阪府大東市

----- イラスト・デザイン -----

**石橋美里**（いしばし みさと）

**佐藤多恵**（さとう たえ）

## マタニティ操体
### 安産のためのしなやかなからだ作り

2007年 2月22日 初版第1刷発行
2013年12月20日 初版第2刷発行

| 編著 | 細川雅美・稲田 稔 |
|---|---|
| 発行者 | 今東成人 |
| 発行所 | 東方出版㈱ |

〒543-0062 大阪市天王寺区逢阪2-3-2
Tel.06-6779-9571 / Fax.06-6779-9573

| 印刷所 | 亜細亜印刷㈱ |
|---|---|

本書の全部または一部を無断で複写・複製することを禁じます。
落丁・乱丁のときはお取り替えいたします。
2007 Printed in Japan ISBN978-4-86249-054-4